FIM
DA CLASSE MÉDIA

DA CLASSE MÉDIA
A FRAGMENTAÇÃO DAS ELITES E
O ESGOTAMENTO DE UM MODELO
QUE JÁ NÃO CONSTRÓI SOCIEDADES

CHRISTOPHE GUILLUY

Tradução de
Alessandra Bonrruquer

1ª edição

EDITORA RECORD
RIO DE JANEIRO • SÃO PAULO

2020

CIP-BRASIL. CATALOGAÇÃO NA PUBLICAÇÃO
SINDICATO NACIONAL DOS EDITORES DE LIVROS, RJ

G975f Guilluy, Christophe
O fim da classe média: a fragmentação das elites e o esgotamento de um modelo que já não constrói sociedades / Christophe Guilluy; tradução Alessandra Bonrruquer. – 1ª ed. – Rio de Janeiro: Record, 2020.

Tradução de: No society: la fin de la classe moyenne occidentale
ISBN 978-85-01-11853-0

1. Classe média. 2. Economia. 3. Estrutura social. I. Bonrruquer, Alessandra. II. Título.

20-63593
CDD: 305.55
CDU: 316.342.2

Leandra Felix da Cruz Candido – Bibliotecária – CRB-7/6135

Copyright © Editions Flammarion, Paris, 2018

Título original em francês: No society: la fin de la classe moyenne occidentale

Todos os direitos reservados. Proibida a reprodução, armazenamento ou transmissão de partes deste livro, através de quaisquer meios, sem prévia autorização por escrito.

Texto revisado segundo o novo Acordo Ortográfico da Língua Portuguesa.

Direitos exclusivos de publicação em língua portuguesa para o Brasil adquiridos pela
EDITORA RECORD LTDA.
Rua Argentina, 171 – 20921-380 – Rio de Janeiro, RJ – Tel.: (21) 2585-2000, que se reserva a propriedade literária desta tradução.

Impresso no Brasil

ISBN 978-85-01-11853-0

Seja um leitor preferencial Record.
Cadastre-se em www.record.com.br
e receba informações sobre nossos
lançamentos e nossas promoções.

Atendimento e venda direta ao leitor:
sac@record.com.br

Para L.

Sumário

Introdução 9

PRIMEIRA PARTE
Das ruínas da classe média, emergiu o mundo das periferias

1. O mundo das periferias emergiu 17
2. A era da saída da classe média 31
3. Quem quer ser um deplorável? 49

SEGUNDA PARTE
No society

4. O isolamento de uma burguesia associal 65
5. O abandono do bem comum 85
6. O caos tranquilo ou a sociedade relativa 99

TERCEIRA PARTE
O *soft power* das classes populares

7. Uma *heartland* popular ou a inversão das noções de força
   e poder 115

8. Nem guerra, nem paz: a resistência à negação das
   culturas 131

Conclusão: Vamos ajudá-los a se reintegrar à comunidade
nacional! 145
Sobre os mapas do encarte 151

Introdução

There is no society: a sociedade não existe. Foi em outubro de 1987 que Margaret Thatcher[1] pronunciou essas palavras.[2] A primeira-ministra britânica não sabia a que ponto sua constatação descreveria, trinta anos mais tarde, o impasse em que estão mergulhados todos os países ocidentais. Desde 1979 engajada em uma política de privatização e redução de despesas públicas, a Dama de Ferro estigmatizou aqueles que "esperavam demais da sociedade, enfatizando seus direitos sociais em detrimento de seus deveres". Sua mensagem foi entendida não somente pelo campo conservador, mas também pelas classes dominantes ocidentais. Essa visão profética anunciou uma grande secessão, aquela do mundo de cima, que, ao abandonar o bem comum, mergulharia os países ocidentais no caos da sociedade relativa.

Essa ruptura histórica entre o mundo de cima e o mundo de baixo se concretizou pelo abandono da categoria que representava os valores do *way of life* americano e europeu: a classe média ocidental. Ela nos fez entrar na era da a-sociedade. O projeto liberal de Thatcher foi muito além do que ela previu. No altar da globalização, o custo das reformas econômicas não foi apenas o do sacrifício da classe operária, mas também da própria sociedade.

---

1. Primeira-ministra britânica entre 4 de maio de 1979 e 28 de novembro de 1990.
2. Entrevista para a revista britânica *Woman's Own*, 31 de outubro de 1987.

Em 1994, o historiador Christopher Lasch já evocava a secessão das elites.[3] Esse processo se provou ainda mais radical, pois atinge hoje um conjunto muito mais vasto, o das classes dominantes e superiores, os *winners* e protegidos. Essa ruptura dos elos, incluindo os conflituosos, entre a parte de cima e a de baixo, que continha a semente do abandono do bem comum, nos fez entrar na a-sociedade. De agora em diante, *no more society*. A crise da representação política, a atomização dos movimentos sociais, a cidadelização das burguesias, a marronagem das classes populares e a comunitarização são todos sinais do esgotamento de um modelo que já não constrói sociedades.

Confrontadas com a deserção da burguesia e com o colapso do Estado de bem-estar social, mas também com tensões e paranoias identitárias, as classes populares resistem tentando preservar o essencial, seu capital social e cultural. Sem poder econômico ou representação política, as categorias populares exercem pressão sobre o mundo de cima, que, na defensiva, entra em declínio geográfico e cultural. A onda populista que percorre o mundo ocidental é apenas a parte visível de um *soft power* das classes populares que forçará o mundo de cima a se unir ao movimento real da sociedade, sob pena de desaparecer.

---

3. Christopher Lasch, *La Révolte des élites et la Trahison de la démocratie*, Champs-Flammarion, 2010 [Ed. bras.: *A rebelião das elites e a traição da democracia*. Rio de Janeiro: Ediouro, 1995].

PRIMEIRA PARTE

Das ruínas da classe média, emergiu o mundo das periferias

Imersos nas categorias superiores, os políticos perpetuam o mito de uma classe média integrada e em fase de ascensão social. A imprecisão da noção de classe média permite um embaralhamento de classes que autoriza, oportunamente, a confusão entre perdedores e ganhadores do modelo econômico, o proletariado e os burgueses boêmios, que, em sua maioria, ainda pensam pertencer a essa categoria. De que falam os políticos quando evocam a "tributação excessiva das classes médias"? Da maioria ou de uma minoria? Segundo as definições, as classes médias representam entre 50% e 70% da população.[1] Essas categorias partilham o mesmo destino? A promoção desse grupo majoritário e integrado também permite destacar os que ficam à margem, pobres e ricos, sem questionar o essencial: a implosão de um modelo que já não inclui as classes populares, ou seja, as categorias que, no passado, constituíam a base da classe média ocidental e perpetuavam seus valores.

De modo geral, evocar alguns efeitos negativos da globalização não cria qualquer problema, desde que sejam evocados apenas os que ficam à margem. O desaparecimento da classe operária, vítima da desindustrialização, e o ostracismo das minorias, por exemplo, são temáticas consensuais. Também é possível evocar sem risco o grande número de pobres e, inversamente, indignar-se com o enriquecimento do 1% (até

---
1. Julien Damon, *Les Classes moyennes*, PUF, 2014.

do 0,1%) mais rico entre nós. Embora apontem para certos desvios do modelo, essas representações não questionam o essencial: a permanência de uma classe média majoritária. Assim, validam indiretamente o modelo econômico existente. A classe média seria apenas uma classe em mutação, em vias de se adaptar às novas regras econômicas e sociais de uma sociedade globalizada. Políticos e especialistas, aliás, preferem utilizar os termos "mutação" ou "transição", e não termos mais definitivos, como "ruptura" ou "fratura". Essa novilíngua[2] "transicional" ou "mutante" permite oportunamente varrer para debaixo do tapete a própria ideia de interesses de classe divergentes.

O mundo e as sociedades ocidentais estão mudando, evoluindo, poderíamos até mesmo dizer progredindo, uma vez que, segundo a fórmula, "é impossível interromper o progresso". "Essa metafísica do progresso e do movimento"[3] é a metafísica da classe dominante, a nova burguesia. Há meio século, ela permite justificar todas as reformas econômicas e sociais em nome do bem comum. Se certas categorias minoritárias parecem temporariamente excluídas desse movimento positivo, são somente exceções que validam um modelo econômico e social globalmente "inclusivo". Ufa! Se a classe operária ficou para trás, a classe média, no sentido de uma classe social majoritária e integrada econômica e culturalmente, adaptou-se e está desfrutando dos benefícios da marcha em direção ao progresso. Assim, e embora os pesquisadores falem há décadas da implosão ou dissipação da classe média, estranhamente parece que a maioria da população ocidental continua a ter um lugar seguro em uma sociedade em mutação.

Salvo exceção, essa é a análise das classes política, midiática e acadêmica. Ela produz uma representação social reconfortante e politicamente correta: a de uma maioria de incluídos e de uma minoria de excluídos que, graças às políticas benevolentes de inclusão (que benevolência!), desfrutará amanhã de um modelo necessariamente integrador.

---

2. A novilíngua (*newspeak*) é a língua oficial de Oceania em *1984*, de George Orwell, publicado em 1949. Ela visa, a partir da redução das palavras, a reduzir os conceitos e, consequentemente, o pensar.
3. Jean-Claude Michéa, *Notre ennemi, le capital*, "Climats", Flammarion, 2017.

Como a geografia serve à guerra,[4] a supermidiatização dos guetos das grandes cidades e a crise dos subúrbios serviram de pano de fundo para essa construção social, ao colocar em primeiro plano os territórios disfuncionais que estavam à margem e tornar invisíveis todos os outros. Esse conto para crianças, reconfortante para as sociedades ocidentais cada vez mais infantilizadas, acalentou durante muito tempo a opinião pública. Mais ainda, ofereceu às categorias populares objetivamente fragilizadas uma garantia: a de ainda fazerem parte da História.

A realidade veio contradizer essa fábula de mutação suave das sociedades ocidentais e da classe média: ela foi substituída pelo massacre daqueles que constituíam a base dessa categoria antes majoritária. Depois dos operários, dos funcionários de escritórios e dos camponeses, hoje são as profissões intermediárias e os aposentados que sofrem os efeitos negativos da globalização. Os territórios disfuncionais já não são apenas os marginalizados dos guetos ou da desindustrialização, mas também as cidades médias e pequenas, a "periferia imposta"[5] e as zonas rurais. Essa geografia social muito díspar, urbana e rural, situada tanto nas zonas de emprego agroindustriais quanto nas zonas residenciais pouco dinâmicas, representa um novo mundo, o mundo das periferias. Afastado dos territórios que concentram o essencial do emprego e da riqueza (as metrópoles e as zonas turísticas privilegiadas pela burguesia metropolitana), o mundo das periferias acolhe hoje a maioria das categorias que constituíam a base da classe média.

É a partir desses territórios e dessa base social que a onda populista que percorre o Ocidente há vinte anos não para de se fortalecer. Da França aos Estados Unidos, da Grã-Bretanha à Itália, da Alemanha à Escandinávia, a dinâmica populista surge da mesma geografia, as periferias urbanas e rurais, e da mesma sociologia, as categorias modestas que representavam a maioria da classe média. Esse poderoso movimento cultural também revela o grande segredo da globalização: o desaparecimento da classe média ocidental.

---

4. Yves Lacoste, *La géographie, ça sert d'abord à faire la guerre*, La Découverte, 2014 [Ed. bras.: *A geografia. Isso serve, em primeiro lugar, para fazer a guerra*. Campinas: Papirus, 1988].

5. O conceito de *périurbain subi* [periferia imposta] foi elaborado por Laurent Chalard, geógrafo do European Centre for International Affairs (ECIA).

Fiel à estratégia da esquiva e da negação, a classe dominante evidentemente procurou minimizar essa contestação da ordem dominante apresentando-a como reação irracional e marginal de uma minoria de deploráveis,[6] operários ou pouco instruídos. Uma análise pouco convincente em relação ao processo maciço de desfiliação política e cultural da maioria das categorias populares. O choque do resultado em favor do Brexit, a eleição de Donald Trump, a onda populista europeia e a persistência dos votos na Frente Nacional há trinta anos não falam somente do ressentimento da antiga classe operária condenada pela desindustrialização. Não são as margens das sociedades ocidentais que se exprimem aqui, mas toda a sociedade, através das categorias que antes representavam o *way of life* americano ou europeu.

Das ruínas da classe média ocidental, representada por categorias que eram social ou culturalmente opostas, mas hoje partilham da mesma percepção da globalização, o mundo das periferias emergiu. Distantes das grandes metrópoles, sem consciência de classe, esses operários, funcionários de escritórios, camponeses e autônomos representam, nos países desenvolvidos, um potencial majoritário.

Não há nada mais poderoso que a revelação ao mundo de um segredo dissimulado há décadas, mas intuitivamente conhecido pela maioria da opinião pública. O terremoto populista não para de produzir réplicas, que não são fruto de uma febre irracional da opinião pública, mas consequência de um movimento tectônico iniciado há quase um século pelo surgimento de um modelo econômico e social que fez desaparecer a classe média ocidental.

---

6. Em setembro de 2016, a candidata democrata Hillary Clinton chamou o eleitorado de Trump de *"basket of deplorables"*, "cesta de pessoas deploráveis": "racistas, sexistas, homofóbicos, xenofóbicos, islamofóbicos, podem escolher!" Compreendendo rapidamente seu erro, a candidata democrata se desculpou, mas isso não a impediu de cair nas pesquisas. Essa declaração somente confirmou o profundo desprezo das classes dirigentes ocidentais por aqueles que François Hollande chamou de "sem dentes".

1
O mundo das periferias emergiu

Iniciadas no final dos anos 1980,[1] minhas obras consagradas às categorias populares em sua diversidade social (categorias pobres, modestas ou médias) e cultural (de origem francesa ou imigrante) visavam a indicar os efeitos da gentrificação e da guetização da camada superior da sociedade francesa sobre os meios populares. Essa abordagem, que excluía a ideia de determinismo territorial, rapidamente me levou a elaborar os contornos de uma nova geografia social[2] a partir da repartição do espaço das classes populares.

Da França periférica ao mundo das periferias

Essa cartografia me permitiu revelar a importância e a diversidade das classes populares. Elas não se limitavam aos bairros de habitação social das grandes cidades, onde se concentravam as categorias populares pobres e imigrantes, mas definiam um conjunto muito mais amplo, composto pelos territórios da desindustrialização, das zonas rurais e das pequenas e médias cidades. Essa França não era nem especificamente urbana nem especificamente rural, mas periférica. A tipologia tradicional que distinguia urbano e rural nada dizia

---

1. *Comment une politique de rénovation peut aboutir à une déstructuration physique, sociale et sociologique d'un espace?*, memória de geografia urbana, Paris 1-Sorbonne, 1986.
2. Christophe Guilluy, *Atlas des fractures françaises*, L'Harmattan, 2000.

sobre uma recomposição social que não opunha os "urbanos" aos "rurais", mas as grandes áreas urbanas globalizadas e em processo de gentrificação aos outros territórios. A guetização do mundo de cima e seu corolário, a emergência da França periférica e popular, havia começado.

Essa ruptura violenta entre o mundo de cima e o mundo de baixo, mascarada pela midiatização da crise dos subúrbios, era visível em um mapa: o da repartição das categorias populares, dos operários, funcionários de escritórios, pequenos assalariados e modestos aposentados. Mas esse mapa não era, e ainda não é, o das classes política, midiática ou acadêmica. O mapa de Estado-maior da classe dominante é, de fato, o negativo exato do mapa da repartição das categorias modestas: trata-se do mapa das metrópoles, do progresso e da globalização bem-sucedida... em resumo, o mapa do mercado.

Foi nessa época, em meados dos anos 1980, que a Frente Nacional decolou na França. Alguns anos mais tarde, no início da década de 1990, o filósofo e historiador Marcel Gauchet iluminou essa ruptura histórica com o conceito de "fratura social". A expressão, divisora e preocupante para alguns, veio contradizer a ideia de adaptação suave da sociedade francesa ao modelo econômico globalizado, revelando a exclusão de uma fração importante da população. Nos territórios mais distantes das metrópoles globalizadas, nas cidades pequenas e médias, na "periferia imposta"[3] e nos espaços rurais, os efeitos negativos do modelo econômico são cada vez mais visíveis. Esses territórios formam um *continuum* sociocultural no qual estão representadas as categorias populares. Esse conjunto é a França periférica, um conceito elaborado no início dos anos 2000[4] e abundantemente retomado depois disso.

É nessa França periférica, popular e econômica e socialmente fragilizada que a Frente Nacional se enraíza progressivamente, das zonas da "periferia imposta", bastiões operários da desindustrialização, às zonas rurais e pequenas cidades. Categorias antes opostas, como operários, camponeses, funcionários de escritórios e autônomos, unem-se pouco a pouco em uma mesma contestação, pelo mesmo sentimento de relegação cultural e geográfica.

---

3. Ver nota 5, p. 15.
4. Christophe Guilluy, "La France périphérique délaissée", *Libération*, 1º de outubro de 2003.

Em 2004, o geógrafo Christophe Noyé e eu elaboramos gráficos da divisão dos votos da Frente Nacional em função da distância das grandes metrópoles.[5] Quanto mais nos afastamos do centro das grandes cidades globalizadas e gentrificadas, mais forte se torna o voto populista. No início dos anos 2000, a Frente Nacional começou a se desenvolver nos territórios desindustrializados e na periferia imposta, onde numerosas residências modestas foram estabelecidas para fugir dos bairros de habitação social nos quais se concentra a imigração (na região parisiense, temos como exemplo Seine-et-Marne, que durante toda a década de 1980 acolheu muitas famílias de Seine-Saint-Denis). Mais tarde, essa dinâmica chegaria aos territórios rurais e às pequenas cidades atingidas pela desertificação do emprego. Essa dinâmica populista é suportada por uma dupla insegurança: a social (ligada aos efeitos do modelo econômico) e a cultural[6] (ligada à emergência da sociedade multicultural). Não há voto populista sem a combinação dessas duas inseguranças (em 2017, a insegurança cultural sem insegurança social, ou seja, os votos da burguesia de direita, resultou em Fillon, não Le Pen).

Produto de um modelo econômico e social globalizado, o conceito de França periférica permite explicar a dinâmica populista na França e em outros países ocidentais.

O mundo das periferias

Nos países desenvolvidos, a estruturação dos votos obedece às mesmas lógicas econômicas e culturais que opõem os territórios integrados à economia global, notadamente (mas não exclusivamente) as grandes metrópoles globalizadas e as periferias, às cidades pequenas, às cidades médias desindustrializadas e às zonas rurais. Relacionada à divisão espacial das categorias populares, observamos em toda parte a mesma distribuição do voto populista: se os votos na Frente Nacional decolam

---

5. Christophe Noyé e Christophe Guilluy, *Atlas des nouvelles fractures sociales*, Autrement, 2004.
6. Conceito elaborado no início dos anos 2000 para analisar os fundamentos dos pedidos de mudança de atribuição nos bairros de habitação social em que a instabilidade demográfica era forte. Ver *La France périphérique*, Champs-Flammarion, 2015.

nas margens da região parisiense, esse também é o caso dos votos em Trump no estado de Nova York, no Vote Leave na grande Londres,[7] no FPÖ[8] na região de Viena ou no PVV[9] ao redor de Roterdã.

Esses votos, que traduzem geograficamente os efeitos da fratura social do século XXI entre a camada superior integrada e a camada inferior relegada, destroem as representações políticas tradicionais. As antigas clivagens morreram. As novas clivagens se tornaram visíveis e já não opõem, como no mundo antigo, esquerda e direita, classe operária e patrões, rurais e urbanos, mas sim os ganhadores ou protegidos da globalização e os perdedores e/ou fragilizados, os móveis e os sedentários, as novas classes superiores e as novas classes populares, as "pessoas de algum lugar" e "as pessoas de lugar nenhum".[10] Mas, do Cinturão da Ferrugem americano ao Yorkshire britânico, das zonas industriais do leste alemão às áreas rurais francesas, essa geografia revela a emergência de um mundo de periferias sobre as ruínas da antiga classe média. Pela primeira vez na história econômica ocidental, as categorias modestas não vivem onde empregos e riquezas são criados, e, acima de tudo, já não podem ali viver. Levando-se em conta as lógicas econômicas e imobiliárias, não é possível voltar atrás. De agora em diante, os ambientes modestos viverão majoritariamente distantes das metrópoles que, inversamente, sempre atrairão as novas classes superiores.

Evidentemente, há territórios da França periférica ou dos Estados Unidos periféricos que ainda criam empregos e também territórios muito precários nos grandes centros urbanos, mas, considerando as dinâmicas econômicas e imobiliárias, observamos, de modo geral, a cristalização de uma geografia social cada vez mais desigual, em que as metrópoles enriquecem e as periferias registram uma desertificação do emprego.

Os números são implacáveis. Na França, o movimento de concentração de emprego nas metrópoles se acelerou. Iniciado no começo do século XXI, ele deve continuar. No período entre 2006 e 2013, a criação de empregos se

---

7. Jérôme Fourquet, Ifop [Instituto Francês de Opinião Pública], *Focus*, n. 148, 2017.
8. Freiheitliche Partei Österreichs, Partido da Liberdade da Áustria.
9. Partij voor de Vrijheid, o Partido para a Liberdade de Geert Wilders.
10. David Goodhart descreve uma nova fratura entre as pessoas de "algum lugar" e as "pessoas de qualquer lugar" ("*somewheres*" versus "*anywheres*"), *The Road to Somewhere: The New Tribes Shaping British Politics*, Penguin Books, 2017.

concentrou nas áreas urbanas com mais de 500 mil habitantes. Uma dúzia de metrópoles francesas reunia quase 46% dos empregos, dos quais 22% somente na área urbana de Paris e 24% na área das províncias. "Globalmente, as cidades pequenas e médias e as comunas isoladas — fora da influência dos polos urbanos — sofreram perdas no mesmo período", especifica a nota da France Stratégie [instituto de pesquisa do governo]: uma queda de 0,8% nas áreas pequenas e médias e nas comunas isoladas e de 0,6% nas áreas com menos de 100 mil habitantes. Trata-se de um movimento inédito, uma vez que, até 1999, o crescimento do emprego beneficiava o conjunto dos territórios.[11] Essa recomposição econômica, perceptível nos Estados Unidos e na Grã-Bretanha, é um modelo globalizado. Em média, na maior parte dos países, a criação de empregos em cidades pequenas e médias é menor que nas grandes metrópoles (*ver encarte*).

Nesse sentido, a evolução do mercado imobiliário não é enganosa. Os preços não param de subir nas grandes cidades e, ao mesmo tempo, registra-se estagnação e até queda nos territórios mais afastados. Na França, a diferença entre os preços nas grandes cidades e nos outros territórios cresce ininterruptamente há dez anos. "Um investidor que tivesse comprado um imóvel de 100 mil euros em 2007 teria obtido uma valorização de em média 122 mil euros nas dez maiores cidades francesas. Em contrapartida, nas cidades menores (abaixo da 50ª posição), o proprietário teria perdido dinheiro: os 100 mil iniciais não valeriam mais que 87 mil euros."[12] Se o processo de concentração do emprego nas grandes metrópoles e, inversamente, o de desertificação na França periférica continuarem em curso, é de se temer que essas desigualdades se agravem, interditando de fato, e pela primeira vez na História, o acesso da maioria das categorias modestas às zonas mais dinâmicas de emprego.

Mas ressaltemos que, embora a geografia revele, ela não determina. Ninguém vota pelo Brexit na Grã-Bretanha ou na Frente Nacional na França porque vive em uma zona rural ou em uma cidade pequena.

---

11. "Dynamique de l'emploi et des métiers: quelle fracture territoriale?", France Stratégie, nota de análise n. 64, novembro de 2017.
12. Conforme Meilleursagents.com, "Immobilier: la France, un marché plus que jamais à deux vitesses", citado por *Le Figaro*, 4 de janeiro de 2018.

Inversamente, ninguém apoia Emmanuel Macron ou Hillary Clinton por ser parisiense ou nova-iorquino.

Além disso (felizmente), há territórios dinâmicos em várias regiões da França ou dos Estados Unidos periféricos[13] e, inversamente, grandes cidades que passam por dificuldades reais (Marselha ou Nápoles). Mas essas exceções não contradizem as dinâmicas de fundo, a concentração de riqueza e emprego nas metrópoles e (normalmente) a fragilização econômica dos territórios distantes das metrópoles.

As fontes da dinâmica populista estão em todas as periferias populares (*ver encarte*): nos territórios em que o emprego se desertifica (norte da Inglaterra, Cinturão da Ferrugem nos Estados Unidos, leste da Alemanha, Mezzogiorno na Itália, entorno parisiense, norte e leste da França) e nas regiões em que a pressão migratória é forte (Texas, sul da França, Baviera, norte da Itália). Mas, em toda parte, o que a França, os Estados Unidos, a Grã-Bretanha ou a Itália periféricos determinam é o perfil social de seus habitantes, não os territórios (os territórios dinâmicos ou favorecidos das periferias aderem ao modelo dominante. Na França, por exemplo, as cidadezinhas e vilarejos abastados e as ricas áreas vinícolas votaram em Macron, não em Le Pen).

Uma nova geografia social e política

Os especialistas juraram, no início da década de 1980, que a onda populista era apenas conjuntural e se limitaria aos territórios da desindustrialização, àquela antiga classe operária representante de um mundo antigo e fadado a desaparecer. Quase quarenta anos depois, a onda populista se generalizou na Europa (França, Grã-Bretanha, Itália e Alemanha) e nos Estados Unidos. Mais ainda: a reação populista transbordou de seus bastiões industriais e de sua base operária e atingiu o mundo rural e, depois, as pequenas e médias cidades. Hoje, alastra-se por zonas desiguais

---

13. A esse respeito, o geógrafo Gérard-François Dumont demonstrou o papel determinante da governança local e da inovação endógena. *Les Territoires français: diagnostic et gouvernance*, Armand Colin, 2018.

(industriais, rurais ou residenciais) onde o número de empregos diminuiu e/ou a criação de empregos é muito baixa; uma desertificação do emprego que causou o declínio da atividade comercial em muitas cidades de médio porte. Das zonas industriais do norte e do leste às zonas rurais terciárias do sul, passando pela área rural da Bretanha, a França periférica hoje engloba territórios e população majoritários. Longe das metrópoles globalizadas, as eleições britânicas ou americanas revelaram a existência dos Estados Unidos periféricos e da Grã-Bretanha periférica majoritários. Na Alemanha, o voto populista desenha os contornos de um país periférico, notadamente na antiga Alemanha Oriental ou em certas zonas rurais e pequenas cidades, incluindo a rica Baviera. Do Mezzogiorno às zonas rurais e pequenas cidades do norte, a Itália periférica emergiu em 2018, durante as eleições legislativas. Os populistas do norte (Liga do Norte) e do sul (Movimento 5 Estrelas) são hoje majoritários no país. O colapso da classe média italiana na década de 1990 e o desenvolvimento de uma forte insegurança cultural na década de 2000, com a intensificação dos fluxos migratórios, produziram o mesmo efeito ao criar condições para uma improvável aliança entre os populistas do norte e do sul.

Essa onda populista europeia contradiz a ideia de uma dinâmica pertencente apenas às categorias operárias e aos territórios da desindustrialização. Em toda parte, camponeses, funcionários de escritórios, servidores públicos de baixo escalão e autônomos juntam seus votos aos da classe operária.

Os especialistas anunciaram um pequeno deslizamento de terra, um período de adaptação, mas estamos diante de um movimento tectônico. Contudo, movimentos tectônicos levam muito tempo. Embora invisíveis, as placas tectônicas estão sempre se movimentando sob o efeito do calor estocado no interior da terra, inexoravelmente iniciando terremotos, erupções violentas e, às vezes, a irrupção de novas terras. E o que vemos é nada menos que a emergência de novos continentes, os populares e periféricos da antiga classe média ocidental.

Essa réplica populista é a resposta do mundo de baixo do maior plano social da História, o da antiga classe média ocidental, um plano social que provoca o desaparecimento das próprias sociedades. De fato, a nova visibilidade da França, dos Estados Unidos, da Grã-Bretanha ou da Itália periféricos revela a força da mudança cultural e social provocada pelo sacrifício das categorias majoritárias.

Com a emergência do mundo das periferias, já não falamos somente das margens, dos operários ou agricultores, mas igualmente dos funcionários de escritórios, dos operários, dos burocratas de baixo escalão, dos jovens, dos aposentados, dos rurais, dos urbanos. A adição dessas margens acaba formando um todo: a própria sociedade.

O grande segredo revelado

Assustados com a visibilidade do mundo das periferias populares, as mídias e o mundo acadêmico há muito procuram minimizar sua importância, insistindo na marginalidade de um fenômeno descrito como conjuntural ou relacionado a frações minoritárias ou em vias de desaparecimento do mundo antigo. Esses tremores populistas seriam apenas os efeitos do ajustamento social e político provocado pela adaptação dos países desenvolvidos a uma nova economia. A contestação populista seria resultante da crise de algumas cidades desindustrializadas, da cólera de vilarejos rurais envelhecidos, do canto do cisne de uma classe operária em vias de desaparecimento, da estupidez de alguns americanos deploráveis, da nostalgia pelo mundo dos arados dos caipiras franceses, de alguns Ch'tis ("nortistas") bebedores de cerveja, do racismo atávico da alcoolizada *working class* britânica, dos adoradores do Terceiro Reich na Alemanha ou dos admiradores de Mussolini na Itália. Essas gravuras de Épinal da onda populista ocidental são, por fim, reconfortantes, pois descrevem as margens e uma revolta anacrônicas.

Elas permitem ocultar um diagnóstico racional de categorias populares que, lembremos, e contrariamente ao que afirmam as esferas midiática e acadêmica, participaram do jogo da globalização, foram a base da construção europeia, sustentaram as evoluções sociais e, salvo exceção, aceitaram sem violência as diferentes ondas migratórias.

O desaparecimento da classe média ocidental não podia ser mencionado por ao menos duas razões. A primeira, essencial, é que o desaparecimento de uma categoria que supostamente representava a maioria revela, *a contrario*, a debilidade de um modelo econômico que não consegue criar sociedades. A reação histérica de um punhado de acadêmicos ao conceito de França periférica ou Estados Unidos periféricos é um bom indicador da estratégia de tornar o fenômeno invisível e se recusar a levar em conta os efeitos da globalização. A segunda se relaciona à infantilização das sociedades ocidentais, atualmente incapazes de assumir e mesmo de pensar nos novos conflitos sociais e culturais. Toda análise social, cultural ou territorial deve se inscrever no movimento natural da transformação do mundo. Nesse contexto, a descrição de um mundo perenemente conflituoso, tanto social quanto culturalmente, não é uma opção.

A realidade social e cultural das sociedades ocidentais é pensada como um Mecanno infinitamente transformável e adaptável. A solução e o final feliz sempre concluem as análises e diagnósticos: o especialista e o acadêmico sempre propõem soluções positivas, otimistas e não conflituosas. Pode-se descrever à margem uma reação difícil e identificar os malvados, mas o *happy end* é obrigatório. O pensamento positivo, o "pensamento primaveril",[14] exige soluções. O relatório do especialista também faz parte do *entertainment* político-midiático, repleto de soluções mágicas, mas sem jamais questionar um modelo que não cria sociedades; ele permite sustentar as reformas sem nunca interrogar os cidadãos ou os eleitos locais.

Mas é tarde demais. Esse pensamento mágico já não funciona. Diante dos olhos obstinadamente fechados dos especialistas, o mundo das periferias populares emergiu, e sua origem não é a cólera de alguns deploráveis, mas o desaparecimento da classe média ocidental. A dinâmica populista, portanto, não era conjuntural, e lançava raízes ao longo do tempo.

Os votos em Trump têm origem na financeirização da economia americana sob Clinton. Da mesma maneira, o Brexit é consequência de um processo de desindustrialização da economia britânica iniciado por Thatcher. Na França, os votos dos operários na Frente Nacional se inscrevem no longo prazo, no período de uma desindustrialização que começou no fim dos anos 1970. O populismo italiano certamente está

---

14. *Penser printemps*, no original, expressão do candidato Emmanuel Macron em Clermont-Ferrand, 10 de janeiro de 2017.

relacionado à recente onda migratória, mas também à fragilização de sua classe média iniciada há mais de quinze anos.

O Brexit ou a eleição de Trump não são acidentes da história política britânica ou americana, mas consequências da precarização (muito precoce nos países em que as redes de proteção social são raras e frágeis) da base das classes médias britânica e americana. Explicar esses resultados através da ingerência da Rússia ou da multiplicação de *fake news* é desonestidade, na melhor das hipóteses, ou estupidez, na pior. A onda populista britânica ou americana não é resultado de uma manipulação, mas sim de reformas econômicas iniciadas nos anos 1980.

O desaparecimento da classe média ocidental é um processo lento e multifatorial que assume diferentes formas segundo os contextos econômicos nacionais, mas que, no fundo, provoca em toda parte a fragilização das categorias que representavam a base de uma classe média culturalmente integrada e em uma dinâmica de ascensão social. Desemprego na França, precarização na Alemanha ou nos Estados Unidos: a maioria das classes populares ocidentais sofreu os mesmos efeitos da divisão internacional do trabalho. Se o século XXI fez nascer um novo mundo, o mundo das GAFAM e das BATX,[15] das mídias, das metrópoles globalizadas, dos hipermercados, da hipermobilidade, do hiperliberalismo e dos hiper-ricos provocou, *a contrario*, a emergência do mundo majoritário das periferias populares.

Embora as classes midiática e acadêmica continuem sua empreitada de ocultação e/ou minimização do fenômeno, o mundinho de cima, das elites, das classes superiores e das metrópoles agora sabe que está cercado por um mundo periférico, majoritário e hostil, cujo peso aumenta no mesmo ritmo em que saem da classe média as categorias que a compunham.

Em janeiro de 2018, a nata da elite mundial se reuniu em Davos. Desde sua criação, esse fórum visa a reafirmar a fé do mundo de cima nas virtudes do mercado, do livre comércio, da desregulamentação, da revolução tecnológica e, *in fine*, do progresso. Assim, o otimismo sempre esteve no centro das comunicações de Davos, com destaque para a

---

15. GAFAM é o acrônimo das gigantes americanas da internet: Google, Apple, Facebook, Amazon e Microsoft; e BATX é o acrônimo das chinesas: Baidu, Alibaba, Tencent e Xiaomi.

globalização bem-sucedida. Sem questionar os fundamentos, o título da edição de 2018 revela uma inédita conscientização da superelite sobre a realidade: "World Economic Forum 2018 to Call for Strengthening Cooperation in a Fractured World" ("Criar um futuro partilhado num mundo fraturado"). *Fracture*: a palavra está liberada. Não se fala mais de mutação, adaptação, ajuste ou divergência, e sim de um sistema que não somente fraturou as sociedades, mas ameaça toda a edificação. Emmanuel Macron, novo representante do mundo de cima, até mesmo evocou a necessidade de "encontrar uma gramática dos bens comuns e uma regulamentação mundial em matéria de ecologia, saúde, educação e formação. Caso contrário, em cinco ou dez anos, os nacionalismos prevalecerão em toda parte". "Regulamentação" ou "nacionalismo". A inquietude é palpável. É preciso dizer que a crise de 2008, o Brexit, a eleição de Trump e a vitória dos populistas italianos fragilizaram certos círculos, que agora sabem que essa reação aos efeitos da globalização é durável e, pior ainda, revela a debilidade intrínseca do modelo liberal.

A superelite agora sabe que a decomposição da classe média ocidental fez emergir um mundo das periferias que não desaparecerá, ao contrário. Se as classes midiática e acadêmica exageraram no otimismo ao apresentar a vitória de Macron como prova do recuo da onda populista, no fundo as elites sabem que estamos apenas no início da recomposição das relações de força sociais e políticas. A realidade é que, em cada eleição (também na França), os votos populistas aumentam inexoravelmente. Quando encontram seus paladinos, as classes populares podem virar o jogo. Embora a França periférica (ainda) não tenha encontrado seu representante, as condições para a virada já estão presentes. A continuidade do processo histórico de saída da classe média fragiliza todos os dias um mundo de cima cada vez mais febril.

Os vencedores das eleições presidenciais americana e francesa validaram, à sua maneira (um felicitando-se por ela e o outro a lamentando), a emergência dos Estados Unidos periféricos e da França periférica.

As estratégias eleitorais desses dois vencedores mostram que uma fração da elite sabe perfeitamente que os trinta anos gloriosos, nos quais prosperaram classes médias que se beneficiavam do sistema, pertencem ao passado e que, de agora em diante, entramos na era da saída da classe média. Donald

Trump e Emmanuel Macron integraram a seu diagnóstico os Estados Unidos e a França periféricos. Um para ser eleito, e o outro para mantê-la a distância. Apresentados como atípicos, tanto Trump quanto Macron são produtos da superelite global. Trump não veio de uma família de *hillbillies* ("caipiras") do Meio-Oeste,[16] e Macron preenche todos os requisitos do elitismo francês. Se o americano é produto do capitalismo industrial, o francês é a criatura da tecnoestrutura e do capitalismo financeiro.

Os dois estão, *a priori*, muito distantes das preocupações da antiga classe média ocidental, relegada a territórios que eles pouco frequentam. Mas, diferentemente da antiga classe dirigente, os dois candidatos compreenderam que o destino das democracias ocidentais depende desses territórios. Macron não hesitou em evocar, durante a campanha e em seu programa,[17] os esquecidos da França periférica. Enquanto Macron crê na solidez de um modelo econômico que deve ser impulsionado a partir dos setores e territórios mais dinâmicos, Trump, ao contrário, constata os limites de um modelo que deve ser regulamentado (questionamento dos tratados de livre-comércio, disposição para regular a imigração, política das grandes obras). Mas os dois integraram o essencial: o processo de desaparecimento progressivo da classe média ocidental e dos antigos partidos de esquerda e direita que a representavam.

Não foi por acaso que a ascensão desses dois candidatos se baseou em uma ruptura da doxa de seus próprios campos. Acima de tudo, a vitória de Trump foi uma vitória contra os republicanos, e a de Macron, uma vitória contra o Partido Socialista e a esquerda da esquerda. Os dois institucionalizaram o "nem de esquerda, nem de direita, nem de cima". Seria esse posicionamento que explicaria, mais tarde, as propostas julgadas transgressivas por seus eleitorados: Trump em relação à doxa do livre-comércio e Macron, por exemplo, sobre a imigração.[18]

---

16. J. D. Vance, *Hillbilly Élégie*, Globe, 2017 [Ed. bras.: *Era uma vez um sonho. A história de uma família da classe operária e da crise da sociedade americana*. São Paulo: Leya, 2017].
17. Emmanuel Macron, *Révolution*, XO, 2016, pp. 153 e 158.
18. "Migrants: l'histoire d'un changement de pied de Macron", *Les Échos*, 21 de dezembro de 2018; Gérard Collomb, ministro do Interior: "Não podemos acolher todo mundo [...] ou teríamos de construir cidades como Lyon." RTL, 18 de dezembro de 2017.

Trump e Macron são, de fato, as duas faces de um mesmo modelo, integrando perfeitamente o choque provocado pelo fim da classe média ocidental. Segundo as circunstâncias, a balança favorece o candidato dito "populista" ou o candidato dito "globalista".

Em novembro de 2016, Trump, o candidato populista, da sociedade fechada, frustrou todos os prognósticos e se impôs na disputa contra a candidata razoável, aquela da globalização, da sociedade aberta. As classes político-midiáticas americana e europeia ficaram estupefatas e entraram em pânico com a eleição de um candidato que parecia questionar a integração das sociedades ocidentais às normas do modelo globalizado. Essa vitória deu início a uma onda de protestos nas principais cidades americanas e a uma reação histérica das classes dominantes ocidentais, que não hesitaram em questionar a legitimidade da eleição, mas também em insultar os eleitores de Trump, chamando-os de ignorantes, nos melhores casos, ou racistas, nos piores. É preciso dizer que essa vitória ocorreu somente alguns meses após o referendo em favor do Brexit na Grã-Bretanha (junho de 2016) e esteve sob o risco de anunciar a potencial passagem das democracias ocidentais para o campo do Mal, ou seja, o campo da contestação do modelo econômico e social dominante. Os olhares se voltaram para a eleição francesa de 2017. Será que a onda populista atingirá a França, com um efeito dominó sobre os outros países europeus?

Maio de 2017: Emmanuel Macron é eleito. O campo do Bem vence facilmente a eleição contra o candidato populista, com 66% dos votos. Ufa. As classes dirigentes expressam seu alívio e satisfação. Em 9 de novembro, a *Time Magazine* até mesmo dedica sua capa ao presidente eleito ao modo francês, chamando-o de próximo líder da Europa. Tudo teria voltado à ordem; o Brexit e a eleição de Trump haviam sido apenas acidentes. As mídias não hesitaram em explicar que, se ocorressem novas votações, a Grã--Bretanha permaneceria no seio da União Europeia e Hillary Clinton seria eleita. Explicou-se pedantemente que os partidários do Brexit, aqueles idiotas, lamentariam amargamente sua escolha. Pouco importava que as pesquisas mostrassem que, ao contrário, os britânicos não lamentavam o Brexit.[19]

---

19. "Les Britanniques ne regrettent pas le Brexit", Philippe Bernard, *Le Monde*, 1º de fevereiro de 2018.

A opinião pública ocidental estaria no caminho certo e a onda populista estaria começando a recuar. Essa análise reconfortante, mais baseada no pensamento mágico do que na realidade, oculta conscientemente a claríssima progressão da Frente Nacional francesa, apesar das fraquezas de seu candidato (no primeiro turno, 7,6 milhões de votos contra 6,4 milhões em 2012; no segundo turno, 10,6 milhões, um recorde). Acima de tudo, as eleições seguintes mostraram que, longe de ter chegado ao fim, a dinâmica populista ganha força em toda a Europa Ocidental (Alemanha, Itália, Áustria, Suécia).

Na realidade, a chegada de Trump e Macron ao poder se inscreve na mesma recomposição política. A eleição de Macron não anula a de Trump mas, ao contrário, valida sua pertinência. De fato, não estamos presenciando uma oposição entre o mundo antigo e o mundo novo, mas a expressão política das novas clivagens sociais, culturais e territoriais do século XXI. Trump, o "representante da sociedade fechada", e Macron, o "representante da sociedade aberta", são duas faces da mesma moeda. Resumir a oposição ideológica e cultural entre Macron e Trump a um simples enfrentamento entre o campo do Bem e o campo do Mal não permite determinar as dimensões de uma clivagem que põe em cena o novo conflito de classe, sobre um fundo de tensões identitárias.

Ao apresentar a mesma desinibição, a mesma indiferença à velha clivagem direita-esquerda e o mesmo distanciamento de seus próprios campos ideológicos, os dois presidentes se sentem livres para transgredir. Criaturas da pós-política tradicional, eles são ainda mais transgressivos porque sabem que evoluem em um mundo no qual a margem de manobra política é singularmente reduzida. Nem Trump nem Macron virarão a mesa. Assistiremos, no melhor dos casos, a pequenas revoluções culturais, mas certamente não à Grande Noite.

2
A era da saída da classe média

Há uma eternidade, nos anos 1960, a região de Lorena entrou em crise e a siderurgia francesa iniciou sua longa descida ao inferno. Meio século mais tarde, após décadas de greves e planos sociais, a maior parte das usinas estava fechada. Apesar das promessas de reconversão, o desemprego explode em Lorena e na região mineira de Nord-Pas-de-Calais, com a classe operária francesa sendo sacrificada no altar da globalização. A desindustrialização das economias ocidentais provocou, nas décadas de 1970 e 1980, poderosos movimentos sociais que foram somente o canto do cisne da classe operária. A mais longa greve da história do Reino Unido, a dos mineiros de Yorkshire (1983-1984), chegou ao fim com a vitória do governo de Margaret Thatcher. Ela anunciou o abandono progressivo não somente da indústria britânica, mas também da classe operária. Na maioria dos países desenvolvidos, os planos sociais se sucederam e atingiram a maior parte das áreas industriais. Para a classe dominante, esse massacre da classe operária foi o preço a pagar pela adaptação das economias ocidentais à globalização, um massacre que seria compensado pela terciarização da economia, pelo aumento da diversidade produtiva e pela consequente multiplicação de empregos mais qualificados e mais bem remunerados. Mas, após a "Florange da indústria", veio a Florange da agricultura. Depois dos operários, os camponeses foram as próximas vítimas do mercado globalizado. Porém, como operários e camponeses eram representantes da antiga ordem, de um modelo econômico ultrapassado, seu desaparecimento não afetou a relevância do modelo dominante. Nas décadas de 1990 e 2000, a polarização do emprego e o desenvolvimento de empregos precários na área de serviços fragilizaram uma fração importante dos assalariados terciários.

Na França, basta observar a evolução do emprego por território para se convencer de que o processo de regressão social ultrapassou amplamente os antigos bastiões operários e se difundiu pelos territórios da França periférica. Entre 2009 e 2014, 60 dos 98 departamentos (representando 51% da população)[1] perderam empregos. Do nordeste aos Pireneus, passando pelo Maciço Central, da Normandia aos departamentos bretões de Finistère e de Côtes-d'Armor ou ao departamento dos Alpes Marítimos, no sul, os territórios mais diversos foram atingidos: rurais ou urbanos, zonas industriais ou presenciais.[2] Se os departamentos industriais do norte e do grande leste são os mais atingidos, os da área parisiense e do centro também sofrem. Em ritmo relativo, foram os departamentos rurais que conheceram as perdas mais severas. Em contrapartida, parece que a atividade presencial também sofreu perdas importantes nos departamentos atingidos pela desindustrialização, uma vez que "o desenvolvimento dos empregos presenciais é essencialmente induzido pelo desenvolvimento da esfera industrial".[3] Nos territórios da França periférica, a espiral depressiva teve início. O colapso industrial, que frequentemente causa diminuição dos empregos presenciais, provoca *in fine* a crise das atividades comerciais nas pequenas e médias cidades desses territórios, atingindo categorias sociais muito diferentes. Depois dos operários e agricultores, são agora os funcionários de escritórios e pequenos autônomos os fragilizados. Os planos sociais já não concernem somente à indústria, mas também aos

---

1. Jean-Marc Zaninetti, "Les six France de l'emploi: bouleversements économiques dans les territoires", *Population et avenir*, n. 737, março-abril de 2018.
2. A expressão "economia presencial" foi elaborada por Laurent Davezies e Christophe Terrier. Ela foi fundamentada na ideia de que a população que reside em um território gera tanto atividade econômica quanto necessidade de serviços; é o caso, por exemplo, dos aposentados.
3. Jean-Marc Zaninetti, "Les six France de l'emploi: bouleversements économiques dans les territoires", *op. cit.*

serviços, ao comércio e até mesmo... aos bancos. Na França, estima-se que 12% das agências bancárias devem fechar até 2020.[4]

Desde a década de 1980, a crise da indústria e a relegação de certos territórios e categorias sociais são habilmente apresentadas como crise das margens. À margem, os operários e agricultores, esses representantes do velho mundo industrial e campesino. À margem, os empregados e burocratas de baixo escalão, que não souberam se adaptar às exigências da revolução digital. À margem, os jovens pertencentes às categorias populares, que não adquiriram as habilidades necessárias para aceder aos empregos extremamente qualificados da nova economia. À margem, os velhos e os aposentados, não produtivos o suficiente e custosos demais. À margem, os territórios distantes das metrópoles globalizadas. À margem, os sedentários. À margem, a França periférica. À margem, os Estados Unidos periféricos. À margem, os países do sul da Europa. À margem, a Grécia. O problema é que a soma dessas margens sociais e territoriais forma um todo: a antiga classe média ocidental.

Com efeito, se esse modelo produziu a classe média na China e na Índia (e, de modo mais geral, no BRICS),[5] ele a fez desaparecer no Ocidente. O modelo globalizado, que escava por toda parte desigualdades sociais e territoriais, repousa sobre dinâmicas sociais inversas. A emergência da China periférica revela o êxito chinês, mas a emergência dos Estados Unidos periféricos ou da França periférica ilustra, ao contrário, os efeitos negativos do modelo.

Em algumas décadas, a especialização das economias, a adaptação às regras de um mercado globalizado, o reforço da divisão internacional do trabalho e o nivelamento dos sistemas de proteção social provocaram a implosão da estrutura social. Uma implosão que vários economistas associam a um modelo que condena as categorias populares ocidentais, aquelas que constituíam a base da classe média. Branko Milanović, um economista sérvio-americano que trabalha no Banco Mundial, demons-

---

[4]. "Le rythme des fermetures d'agences bancaires doit quadrupler en France", *Les Échos*, 15 de abril de 2018.
[5]. Brasil, Rússia, Índia, China e África do Sul.

trou que a classe média ocidental é a única a não se beneficiar do crescimento.[6] Thomas Piketty[7] completou a análise ao revelar um processo mundial de concentração de capital e riquezas. Em 2017, a fortuna das quinhentas pessoas mais ricas do mundo chegava a 5,4 trilhões de dólares, quase duas vezes o PIB da França. Em um relatório consagrado ao aumento das desigualdades no mundo, Thomas Piketty previu que, em um cenário de continuação das tendências atuais, haverá uma compressão do patrimônio da classe média mundial: "Se a tendência continuar, a parte do patrimônio dos 0,1% mais ricos do planeta alcançará a parte da classe média em 2050."[8] O economista Olivier Godechot estudou a evolução da renda dos assalariados do setor privado. Ele estabeleceu que "entre 1980 e 2007, o salário francês médio não cresceu mais do que 0,82% ao ano; explodiu para os 0,01% mais bem pagos: + 340%".[9] O McKinsey Global Institute estima que entre "65% e 70% dos domicílios, o que corresponde a um número entre 540 milhões e 580 milhões de pessoas, encontram-se nos segmentos de distribuição cujas rendas no mercado real (salários e retornos de capital) permaneceram iguais ou diminuíram em 2014, em relação a 2005".[10]

Não podendo assumir a realidade dos números, a classe dirigente os manipula (cada vez menos) discretamente em relação ao desemprego e ao crescimento. Na França, se levarmos em conta o desemprego "estendido", ou seja, os trabalhadores de tempo parcial e as pessoas inativas que não atendem às condições para serem contabilizadas como desempregadas, a

---

6. O princípio da curva do elefante: a metade mais pobre da população mundial viu sua renda aumentar de maneira significativa graças ao forte crescimento da Ásia. Enquanto isso, os 1% mais ricos se beneficiaram de duas vezes mais crescimento do que os 50% das camadas inferiores e quatro vezes mais do que a classe média mundial (que engloba notadamente as classes populares ocidentais).
7. "Les inégalités dans le monde, en hausse depuis quarante ans", *Le Monde*, 14 de dezembro de 2017 e T. Piketty, F. Alvaredo, L. Chancel, E. Saez e G. Zucman, *Rapport sur les inégalités mondiales*, Le Seuil, 2018.
8. T. Piketty, F. Alvaredo, L. Chancel, E. Saez e G. Zucman, *Rapport sur les inégalités mondiales*, op. cit.
9. Citado por Emmanuel Levy em *Marianne*, "Les nouveaux aristocrates", 1º de maio de 2014.
10. "Une majorité de ménages en stagnation", www.agefi.com, 19 de julho de 2016.

taxa de desemprego se aproxima dos 18%,[11] uma porcentagem singularmente distante da taxa oficial, avaliada em 9% pelo Instituto Nacional de Estatísticas e Estudos Econômicos (Insee, na sigla em francês). Essa minimização do desemprego não é uma especificidade francesa. Nos Estados Unidos, a taxa de desemprego não passa dos 5%, descrevendo uma sociedade de pleno emprego. Na realidade, se incluímos os subempregados, os desempregados desalentados (que não procuram mais emprego e vivem como podem) e as pessoas que jamais procuraram emprego, ou cerca de 90 milhões de pessoas entre 15 e 64 anos,[12] a taxa americana de desemprego se aproxima ou mesmo ultrapassa os 20%,[13] uma taxa comparável à da França e às dos países do sul da Europa.

Embora a taxa de pobreza descreva apenas uma dimensão da precarização, a evolução do número de pobres, notadamente nos países onde a redistribuição é intensa, como na França, é um indicador de regressão social. Segundo a definição adotada, a França teria entre 5 milhões e 8,9 milhões de pobres.[14] Entre 2005 e 2015, esse número cresceu em 600 mil (no limiar de 50% da renda média), ou quase 1 milhão de pessoas (limiar de 60%).[15] Durante esse período, nos Estados Unidos quase 50 milhões de pessoas sobreviveram graças aos cupons de alimentação.[16]

Essa realidade social preocupante é atenuada por uma comunicação positiva, a dos números do crescimento, um crescimento contínuo que, como o progresso, jamais irá parar. Quando o crescimento não corres-

---

11. "18 % des Français sont chômeurs, en sous-emploi ou découragés de chercher un poste", *Le Figaro économie*, 17 de agosto de 2017.
12. "Le calcul du chômage aux USA", France Info, 24 de novembro de 2016.
13. "Un taux de chômage plus élevé aux États-Unis qu'en France?", https//blogs.alternatives-économiques.fr, 20 de maio de 2015.
14. Cinco milhões quando o limiar da pobreza é fixado em 50% do nível de vida médio e 8,9 milhões quando é utilizado o limiar de 60%, segundo os dados de 2015 do Insee. Na França, de acordo com o limiar, um indivíduo é considerado pobre quando sua renda mensal é inferior a 846 euros (limiar em 50% da renda média) ou 1.015 euros (limiar em 60%), Observatoire des inégalités [Observatório das desigualdades], setembro de 2017.
15. Observatoire des inégalités [Observatório das desigualdades], outubro de 2017.
16. "Près de 46 millions d'Américains vivent grâce à des bons alimentaires", *Le Monde*, 5 de agosto de 2011.

ponde ao esperado, nós o obtemos "a dentadas",[17] incluindo o endividamento, ou seja, impondo esse imposto às gerações futuras, uma vez que o importante é preservar a ideia de progresso contínuo.

A exibição de crescimento positivo é tão determinante que se integram a ele atualmente os "setores" da prostituição e das drogas!!! Desde 2013, considerando que se trata de "transações comerciais livremente consentidas",[18] o instituto estatístico europeu[19] exige oficialmente que os Estados da União integrem o tráfico de drogas e a prostituição a suas estatísticas nacionais. Sob o pretexto de que em certos países, como a Holanda, essas atividades são consideradas legais, a Europa exige uma harmonização e, consequentemente, a integração dessas atividades ao cálculo do PIB. Embora Espanha, Itália e Reino Unido tenham respondido rapidamente à demanda, a França permaneceu reticente. Essa postura não duraria muito tempo… Em janeiro de 2018, ela incluiu o tráfico de drogas em seu cálculo do PIB. Mas a honra estava salva, pois, afirmando que "o consentimento das prostitutas provavelmente não foi verificado", o Insee se recusou a contabilizar a prostituição (uma decisão certamente temporária, uma vez que foi somente consequência de um problema "técnico", o de organizar a coleta de informações). Estimado pelo Insee em cerca de 2,7 bilhões de euros,[20] ou 0,1% do PIB, o tráfico de entorpecentes aumentou automaticamente o crescimento. O objetivo, que era não mensurar uma atividade econômica em baixa, mas sim comunicar um crescimento positivo, foi atingido. E pouco importa que, há várias décadas, o crescimento seja mais frequentemente um crescimento sem emprego que reforça as desigualdades ao se concentrar nos territórios (mais frequentemente as metrópoles) e nas categorias (em geral as superiores) que já se beneficiam do modelo globalizado.

---

17. Nicolas Sarkozy, durante a campanha eleitoral de 2007.
18. *La Tribune*, 31 de janeiro de 2018.
19. http://ec.europa.eu/eurostat/web/main/home.
20. "Le trafic de drogue génère 2,7 milliards d'euros par an", *Le Figaro*, 31 de janeiro de 2018.

De Ohio às áreas rurais francesas

"Venho de uma família pobre do Cinturão da Ferrugem, uma antiga região industrial de Ohio atingida por uma dramática hemorragia de empregos", conta J. D. Vance.[21] Em um comovente depoimento, o autor de *Hillbilly Élégie* (na edição brasileira, *Era uma vez um sonho*) descreve o declínio de um território atingido pelas deslocalizações industriais, no qual a antiga classe média branca, que personificava o sonho americano, mergulhou na miséria. Essa história pessoal retraça um destino muito mais universal, o de uma fração da classe operária americana e, em muitos aspectos, o da classe operária europeia.

Nos Estados Unidos, a regressão social assume formas alarmantes. Um estudo publicado em 2015 pela Academia Nacional de Ciências[22] demonstrou que a taxa de mortalidade da população branca americana menos escolarizada entre 45 e 54 anos aumentou desde 2005. Essa tendência é ainda mais notável porque, ao mesmo tempo, essa taxa continua a diminuir no seio das minorias negras e hispânicas. Como J. D. Vance, os autores do estudo afirmam que o aumento dos suicídios e das patologias ligadas a drogas e álcool no seio da população branca está na origem do aumento da taxa de mortalidade. Mas a regressão não atinge somente esse segmento da população. Em dezembro de 2015, o serviço estatístico do CDC[23] revelou um fenômeno inédito há mais de cinquenta anos: a diminuição da expectativa de vida dos americanos pelo segundo ano consecutivo. "É a primeira vez que vemos um declínio em dois anos seguidos desde o início da década de 1960; seria preciso retornar à década de 1920 para reencontrar esse fenômeno", indica Robert Anderson, chefe de estatísticas ligadas à mortalidade. A sobremortalidade ligada às drogas e

---

21. J. D. Vance, *Hillbilly Élégie*, op. cit.
22. Estudo realizado por dois economistas da Universidade Princeton (Nova Jérsei, Estados Unidos), Angus Deaton e Anne Case, *Le Monde*, 3 de novembro de 2015.
23. Centro de Controle e Prevenção de Doenças.

às overdoses de medicamentos opiáceos[24] é mais uma vez a responsável. A associação de luta contra o vício Addiction Policy Forum confirma que "esses números lúgubres publicados hoje pelo CDC mostram que estamos em vias de perder uma geração de americanos por causa da dependência, uma doença que se pode prevenir e curar". Uma situação não muito diferente da enfrentada pela *working class* britânica na Inglaterra periférica, nos territórios invisíveis e distantes da grande Londres e seu centro, que votou a favor do Brexit em 2016, e da pauperização e desfiliação social da classe operária francesa na região mineira do norte. A expectativa de vida nesses departamentos populares e operários do norte e de Pas-de-Calais é inferior à média nacional. O IRDES[25] observa que essas desigualdades na taxa de mortalidade aumentam desde a década de 1990, em particular para os homens.

Esses indicadores de saúde pública são a conclusão inexorável do processo de regressão social iniciado na década de 1970 nos meios populares, que resultam hoje na morte por desespero de categorias que, ontem, faziam parte de uma classe média integrada.

Enquanto isso, na França, os agricultores se suicidam. Como os operários, os camponeses sofreram um processo de relegação cultural e social. Apesar das subvenções dos poderes públicos, a renda dessa categoria diminui continuamente sob a dupla pressão dos preços baixos impostos pelos distribuidores e dos preços das matérias-primas, cada vez mais dependentes da especulação dos mercados financeiros. Em um contexto de diminuição do número de fazendas (de 2 milhões no fim da década de 1950 para 450 mil hoje),[26] assiste-se ao colapso do nível de vida dos camponeses, que, em muitos casos, sobrevivem apenas graças à renda do parceiro ou parceira, frequentemente assalariado(a), e não à

---

24. Segundo várias fontes, cerca de 2 milhões de americanos são dependentes de opiáceos. Trata-se de uma categoria de entorpecentes que inclui medicamentos analgésicos vendidos com receita, como a oxicodona e o fentanil, assim como a heroína, frequentemente misturada a substâncias sintéticas.
25. Institut de recherche et documentation en économie de la santé [Instituto de Pesquisa e Documentação em Economia da Saúde].
26. Insee, *Tableaux de l'économie française* [Tabela da economia francesa], 2016.

própria renda. Essa situação social dramática não afetou um processo de desregulamentação que se ilustra pela assinatura de inúmeros tratados internacionais de livre-comércio. O custo social é alto, muito alto. Às dificuldades da profissão e às baixas remunerações se une a culpa de não poder viver de seu trabalho e depender de subvenções. A precarização do mundo campesino se acelera. Segundo a MSA,[27] em 2014 18% dos agricultores tributados pelo regime efetivo tinham rendas equivalentes a 354 euros por mês; em 2015, eles eram 30%. Hoje, o suicídio é a segunda causa de morte entre essa categoria, após o câncer: um agricultor se suicida a cada dois dias na França, em uma taxa 20% ou 30% superior à do restante da população.[28]

Das regiões industriais às zonas rurais, das cidades pequenas às de médio porte, a crise atinge múltiplos setores e categorias sociais. É nesses territórios, invisíveis para a classe dominante, territórios dos Estados Unidos periféricos, da Inglaterra, da Alemanha, da França, da Espanha ou da Itália periféricas, que o operário americano, o funcionário de escritório alemão, o desempregado espanhol, o servidor público grego, o artesão italiano ou o camponês francês sofrem a mesma regressão social. Esse processo se acelera ao ritmo da desertificação do emprego, mas também de um desengajamento programado pelo Estado, pois essas categorias, sobrepagas em relação aos salários mundiais, lhe são excessivamente custosas. Embora durante muito tempo os poderes públicos tenham compensado a redução da atividade do setor privado através da redistribuição e da criação de empregos públicos, agora chegou a hora do recuo.

A crise dos serviços públicos nos territórios periféricos é um indicador suplementar de regressão. Particularmente visível nos Estados Unidos, na Grã-Bretanha e nos países do sul da Europa, ela agora atinge a França. A insuficiência dos serviços públicos na França periférica não chega ao nível da Inglaterra periférica,[29] onde os políticos liberais cortaram cada

---

27. Mutualité sociale agricole [Mutualidade social agrícola].
28. "Taxa de suicídio dos agricultores", relatório do Senado, janeiro-fevereiro de 2017.
29. Lançado em 2016, o filme de Ken Loach, *Eu, Daniel Blake*, mostrava como um homem desempregado de 59 anos sofrendo de insuficiência cardíaca era (mal)tratado pelos serviços sociais britânicos.

vez mais os orçamentos sociais, fragilizando os serviços públicos, mas os sinais de recuo do Estado francês se multiplicam. Em outras palavras, se Hénin-Beaumont (ainda) não é Telford,[30] o mecanismo de desengajamento já está em curso. Vanik Berberian, presidente da Associação dos Prefeitos Rurais da França, disse exatamente isso quando denunciou o fato de as áreas rurais serem cada vez mais excluídas do campo geral da República: "Enquanto os serviços públicos tendem a encolher como a pele de onagro,[31] chegam a 23 milhões os habitantes tratados como asnos":[32] os camponeses, os operários, os funcionários de escritórios e os autônomos.

O processo de desaparecimento da antiga classe média está em curso

Esse processo de implosão das antigas classes médias é perceptível em todos os países desenvolvidos, qualquer que seja o contexto econômico.

Na Alemanha, onde a taxa de desemprego é baixa, o crescimento está em alta e o excedente comercial é expressivo (250 bilhões em 2017), vê-se uma precarização maciça de parte importante das categorias modestas, uma dinâmica desigual que também é perceptível na França, onde os indicadores econômicos são opostos (crescimento em baixa, taxa de desemprego elevada e déficit comercial abissal). Nem o sucesso econômico da Alemanha nem o Estado de bem-estar social francês protegem as categorias modestas do processo de precarização iniciado na década de 1980. Em outros países, nos quais a economia e o Estado de bem-estar social são igualmente insatisfatórios, o conjunto da classe média é condenado.

Foi assim que, em alguns anos, a classe média grega desapareceu. Em setembro de 2008, após a falência do banco americano de investimentos Lehman Brothers e, em seguida, de vários bancos gregos, a economia da Grécia entrou em colapso. A recessão provocou a queda da renda familiar

---

30. No coração da Inglaterra periférica, o escândalo de Telford revelou a amplitude do lento abandono dos serviços públicos e sociais ingleses iniciado na década de 1980 por Margaret Thatcher, ver *Le Monde*, 19 de março de 2018.
31. Ele se inquieta especialmente com a desmaterialização de certos serviços públicos.
32. www.amrf.fr

(redução do salário mínimo e das aposentadorias). Sete anos mais tarde, em 2015, apesar da vitória de um partido de esquerda radical (eleito em função de um programa antiausteridade, mais expressivamente pelas categorias que antes formavam a classe média grega), Aléxis Tsípras foi obrigado a aceitar novos cortes nas despesas públicas, aumento dos impostos e reforma da previdência social. Ao impor sua política de austeridade, o Eurogrupo restringiu à Grécia qualquer margem de manobra, notadamente na direção dos mais modestos. A sentença de morte da antiga classe média grega fora pronunciada.

Muito rapidamente, todos os indicadores sociais e de saúde divulgados entraram no vermelho. A falência dos serviços públicos e dos dispositivos de proteção social provocada pelo desengajamento do Estado fez disparar o número de pobres. Em 2017, estimava-se que um terço dos gregos vivia abaixo do limiar da pobreza e que um quarto estava desempregado. A precarização atingiu os assalariados, mas também os aposentados, cujas pensões despencaram. As restrições no setor de saúde levaram ao fechamento de hospitais (principalmente os psiquiátricos) e à dispensa de pessoal. O acesso aos cuidados e sua qualidade regrediram e os domicílios empobrecidos passaram a renunciar cada vez mais a eles. Entre 2008 e 2011, os suicídios teriam aumentado em 27%.[33] Se o triste exemplo da Grécia ilustra a rapidez com que a classe média pode desaparecer, também permite mensurar os riscos do endividamento descontrolado e, portanto, do domínio dos bancos sobre os Estados.

O nível de endividamento dos Estados jamais foi tão alto. Esse endividamento não é virtual, pesa diretamente sobre as margens de manobra dos Estados, mas também, *in fine*, sobre a classe média,[34] que participou indiretamente do resgate aos bancos em 2008.

Nesse sentido, o endividamento da classe média americana é muito esclarecedor. Segundo um estudo do Banco Central americano (FED,

---

33. "Grèce: les suicides ont augmenté fortement avec l'austérité", *La Tribune*, 3 de fevereiro de 2015.
34. Segundo o Eurostat, em 2017 a dívida pública por habitante era avaliada em 33 mil euros na França, correspondendo a um endividamento superior ao dos gregos (29 mil euros)! (Ver "Dívida pública dos Estados em 2017".)

na sigla em inglês),³⁵ um terço dos americanos está sobrecarregado de dívidas não pagas. As dívidas vencidas e não pagas são confiadas a agentes de recuperação. É uma situação perigosa para as famílias, pois as dívidas não pagas podem baixar a classificação de crédito, dificultando o financiamento de uma casa ou um carro e aumentando o custo do empréstimo. A dívida familiar americana é um indicador de pobreza que não se vê — lá no rodapé do formulário. A explosão da dívida privada, a multiplicação do crédito (crédito ao consumidor, financiamento de automóveis,³⁶ crédito estudantil), que talvez seja transmitida de geração em geração, obscurece o futuro das classes populares. Desde 2010, o endividamento e a queda do poder de compra dos domicílios dão origem à queda da taxa de acesso à propriedade, uma tendência que atinge inúmeros países desenvolvidos, como o Reino Unido e a Espanha, nos quais o número de proprietários tende a diminuir.³⁷

Na Europa, como nos Estados Unidos, o endividamento do Estado e o endividamento privado revelam um modelo que já não atende às necessidades de uma classe média majoritária e economicamente relegada. O Estado só pode garantir a proteção social ao custo de um endividamento sem limites que conduz automaticamente à perda da soberania e à imposição de políticas de austeridade.

Última etapa: a saída programada dos herdeiros da classe média

Em inúmeros países ocidentais, a manutenção do padrão de vida dos aposentados e servidores públicos permite limitar a regressão social. Herdeiras da antiga classe média, essas categorias, que (ainda) se beneficiam

---

35. A dívida total dos americanos (hipotecas, empréstimos estudantis, cartões de crédito, financiamento de veículos) chegou a quase 13 bilhões de dólares em 2017. Ver "États-Unis: les défauts sur les cartes de crédit continuent d'augmenter", *Les Échos*, 31 de janeiro de 2018; "La dette des ménages américains dépasse son record de 2008", *La Tribune*, 16 de agosto de 2017.
36. "La menace des 'subprimes' automobiles grandit", *Les Échos*, 15 de novembro de 2017.
37. "Les propriétaires de moins en moins nombreux au Royaume-Uni, aux États-Unis et en Espagne", *L'Obs*, 27 de junho de 2012.

do antigo modelo, são as que mantêm a estrutura em pé. Na França, seu peso demográfico (20% dos assalariados pertencem ao funcionalismo público e 24% da população está aposentada) garante uma redistribuição importante e permite manter o consumo, assegurando a sobrevivência do sistema político. Em 2017, foram essas categorias que frearam a onda populista na França, quando, no segundo turno da eleição presidencial, votaram em massa no candidato Macron. Em uma ironia histórica, essas mesmas categorias são agora o alvo das reformas do governo macronista. Na França, como em todos os países desenvolvidos, a redução da função pública e a transformação do status do servidor público, assim como a compressão das aposentadorias, fazem parte do roteiro.

Em um contexto de envelhecimento da população,[38] a categoria dos aposentados, pouco exigente e sem oferecer muito risco, é naturalmente uma presa apetitosa para os Estados superendividados. Na França, seu peso demográfico (17 milhões de pessoas) não para de crescer (cerca de 150 mil pessoas por ano). O Insee estima que a fração acima de 65 anos aumentou 3,7% em vinte anos. O aumento é de 2,8% para aqueles com mais de 75 anos, que já representam um em cada dez habitantes. Assim, os aposentados representam um considerável ganho financeiro (as aposentadorias, no valor total de 300 bilhões de euros, constituem a principal despesa de proteção social[39]), que não tem como deixar indiferentes governos de baixa liquidez.

Mas a tosquia dos herdeiros da classe média ocidental tinha de ser justificada e aceita, especialmente pelo restante da população. Nesse contexto, era fundamental apresentar a categoria como privilegiada. As classes midiática e acadêmica se encarregaram do trabalho e apresentaram os velhos como categoria que se beneficiaria de rendas vergonhosamente altas. Se é verdade, estatisticamente, que o patrimônio daqueles com mais de 60 anos é importante, deve-se lembrar que o nível médio

---

38. Entre 2016 e 2060, a idade média da população francesa passará de 41 para 45 anos e uma em cada três pessoas terá mais de 60 anos, *Tableaux de l'économie française* [Tabela da economia francesa], Insee, 2016.
39. Segundo o serviço estatístico do Ministério dos Assuntos Sociais (Drees).

de aposentadoria é de 1.280 euros líquidos.[40] Com tal nível de renda, que, aliás, não mostra a heterogeneidade das situações (na França, cerca de 600 mil pessoas vivem com a aposentadoria mínima), parece difícil considerar esse grupo privilegiado e com recursos escandalosamente elevados. Se a situação dos aposentados abastados da Côte d'Azur e do litoral atlântico é regularmente destacada, fala-se menos dos aposentados invisíveis, aqueles da França periférica, essencialmente pertencentes às categorias populares. Na maior parte dos países desenvolvidos, essa categoria descrita como privilegiada pelas mídias começa a sofrer os efeitos da precarização. Na Alemanha, a precarização já é uma realidade e revela o paradoxo do milagre econômico alemão. O êxito de sua indústria, seus excedentes comerciais e a precarização de parte importante da antiga classe média iniciada sob Gerhard Schröder continuam em curso, fazendo com que saiam da classe média uma parte importante dos trabalhadores ativos e os aposentados. Em 2017, estimava-se em 900 mil o número de aposentados alemães obrigados a trabalhar para complementar a baixa aposentadoria.[41] Não chegamos (ainda) à situação japonesa, na qual o governo acaba de prolongar a idade legal de aposentadoria dos servidores públicos para 80 anos, mas o contexto demográfico e a fragilidade de um modelo econômico especializado demais conduzirão inexoravelmente à fragilização social daqueles com mais de 60 anos. Em alguns países, em especial a Grécia, o processo já foi concluído e os aposentados caíram na armadilha da pobreza.

A precarização dos aposentados é a última etapa do processo de eliminação da classe média ocidental, o canto do cisne. Herdeiros dos Trinta Anos Gloriosos, os aposentados ainda estão massivamente ligados a um modelo que assegurou sua ascendência ao protegê-los dos efeitos negativos da globalização. Assim, eles perpetuam o mito de uma classe média integrada. Das mais modestas às mais abastadas, essas categorias representam a memória da antiga classe média e, em muitos países, o

---

40. Insee, *Tableaux de l'économie française* [Tabela da economia francesa], 2016.
41. "En Allemagne, les retraités sont les grands oubliés des années Merkel", *La Croix*, 3 de setembro de 2017.

salva-vidas do sistema político. Por quanto tempo? A degradação dos padrões de vida e da assistência aos mais dependentes e a relegação cultural de que são vítimas anunciam seu abandono. Nesse sentido, o apoio maciço dos aposentados britânicos ao Brexit foi um precursor. O que se desenha no seio desse grupo, que em 2060 representará um terço da população europeia, é, no meio popular, o alinhamento das condições de vida e dos comportamentos eleitorais dos aposentados aos dos jovens e trabalhadores ativos. A queda programada de seu padrão de vida (especialmente pela acentuação da pressão fiscal e pelo menor reembolso de despesas com saúde) anuncia sua saída da classe média, o que pode causar um impacto durável sobre os elos sociais, uma vez que os aposentados são os principais atores da solidariedade e do engajamento associativo e político.[42]

Na direção de uma nova estrutura social

Do Cinturão da Ferrugem à região mineira do norte da França, do Mezzogiorno italiano às pequenas e médias cidades francesas, as categorias que constituíam a antiga classe média ocidental vivem longe dos territórios que criam riqueza e empregos. As lógicas econômicas e imobiliárias lhes impõem uma sedentarização forçada que conduz ao colapso da mobilidade social e, *in fine*, à cristalização de uma nova estrutura social.

Para categorias sociais iguais, a mobilidade dos jovens de origem popular é menos elevada na França periférica do que nas metrópoles. Uma nota governamental confirmou em 2015[43] que as chances de ascensão social dos indivíduos de origem popular (filhos de operários e funcionários de escritórios) podem até dobrar, dependendo dos territórios em que nasceram. Parece também que é em Île-de-France, ou seja, na metrópole parisiense, que a ascensão social das classes populares é mais alta. (Em

---

42. Serge Guérin, *Silver génération*, Michalon, 2015.
43. "La géographie de l'ascension sociale", nota de análise da France Stratégie, n. 36, novembro de 2015.

Seine-Saint-Denis, a mobilidade social é superior a 40%, ao passo que em Indre e Creuse não chega a 25%.) Esse modelo é aplicável a muitos países desenvolvidos, especialmente os Estados Unidos, onde a mobilidade social das crianças da classe operária não é a mesma para quem vive na Califórnia ou em Massachusetts, nos Estados Unidos periféricos do Cinturão da Ferrugem ou nos estados do sul.

O acesso dos jovens oriundos dos meios populares se degrada no ritmo da cidadelização dos territórios que concentram o essencial das ofertas acadêmicas. Essa situação foi denunciada por numerosos representantes e associações que, como a Chemins d'avenirs,[44] tentam facilitar o acesso ao ensino superior dos jovens da França periférica, que frequentemente abandonam a própria ideia de continuar estudando após concluírem o ensino secundário.

A mobilidade dos jovens e dos trabalhadores ativos da França periférica colide com o preço elevado e a escassez de habitação nas grandes cidades. Longe do mito da mobilidade para todos, vemos, ao contrário, uma sedentarização forçada que acentua a diminuição da mobilidade social. Essa situação está associada a uma forma de desencorajamento que é perceptível em uma fração importante das categorias populares. Esse mecanismo de desencorajamento-desvalorização é analisado com perfeição por J. D. Vance,[45] que descreve um processo de desfiliação que leva muitas famílias a abandonarem a ideia de encontrar um emprego estável ou, no caso de certos jovens, a renunciarem à ideia de estudar. Um mecanismo similar é observado entre os jovens da França periférica, que consideram que "a universidade é difícil demais para mim, jamais ousaria sair de meu vilarejo para obter uma formação em artesanato, que é meu sonho, ou estudar no Sciences Po, isso não é para os jovens da área rural". Salomé Berlioux, presidente da associação Chemins d'avenirs, citou, em uma entrevista concedida ao *Figaro*, o exemplo de um curso situado a quarenta minutos de Grenoble ao qual mais da metade dos

---

44. Fundada em 2016 por Salomé Berlioux, essa associação visa, graças a um sistema de apadrinhamento, a informar e apoiar os jovens distantes das grandes aglomerações.
45. J. D. Vance, *Hillbilly Élégie, op. cit.*

alunos jamais compareceu.⁴⁶ Eles incorporaram a ideia de que se afastar do vilarejo para estudar não é viável, quaisquer que sejam seus talentos.

A relegação social e geográfica dos mais modestos faz parte dos mecanismos que reforçam inexoravelmente a super-representação das crianças vindas das categorias superiores na população estudantil. Essa super-representação é hoje particularmente acentuada nos setores seletivos e nas grandes escolas, mas tende a se acentuar. O OVE⁴⁷ destacou o agravamento do fenômeno, mostrando que, desde 2006, o número de estudantes das classes populares no ensino superior diminuiu, afetando todos os setores, mesmo aqueles destinados originalmente ao acolhimento de alunos de colégios tecnológicos ou profissionalizantes, em geral pertencentes aos meios mais modestos, como os institutos universitários de tecnologia (IUT) e de formação superior de técnicos (STS). Essa constatação está relacionada à situação britânica, na qual a reprovação e o desinvestimento escolar dos meninos da classe operária branca são regularmente evocados.⁴⁸ Os mecanismos de relegação social e geográfica das categorias modestas levam à diminuição da mobilidade social. Essa diminuição é ainda maior porque atinge os territórios que sofreram primeiro com a desindustrialização e as categorias que saíram primeiro da classe média. Nesses territórios, onde o sonho de fazer parte da classe média desvaneceu há várias gerações, o capital social das classes populares vem desaparecendo e o desinvestimento escolar é mais acentuado.

Essas evoluções de fundo confirmam a cristalização de uma nova estruturação social no Ocidente. A estagnação ou queda do nível de vida das categorias modestas, a polarização do emprego, o desenvolvimento de empregos precários e o envelhecimento da população fazem emergir um grupo majoritário: o das novas classes populares.

Em paralelo, forma-se um grupo importante, o das novas classes superiores. Essa nova burguesia representa em parte os ganhadores da

---

46. Salomé Berlioux, *Le Figaro*, 23 de março de 2018.
47. Observatoire de la vie étudiante [Observatório da vida estudantil]: www.ove-national.education.fr.
48. "White working-class boys in England 'need more help' to go to university", *The Guardian*, 10 de maio de 2018.

globalização. Concentradas nas metrópoles globalizadas, as categorias superiores não se confundem com a superclasse, mas, como ela, sustentam o modelo econômico e social dominante. Quer sua renda seja modesta ou elevada, essa nova burguesia é parte integrante do mundo de cima e participa da dominação econômica e/ou cultural do mundo de baixo. Da mesma maneira, é menos o nível de renda e mais a relegação cultural e geográfica que molda as novas classes populares. O pertencimento a uma classe social não se reduz a uma questão de dinheiro.

Mesmo sem consciência de classe, as categorias modestas partilham a percepção comum dos efeitos da globalização e da relegação sobre elas. Embora essa nova estruturação social não reative a antiga luta de classes, ela produz um discurso e diagnósticos radicalmente opostos. A nova estruturação social repousa menos sobre os níveis de renda do que sobre os níveis de integração social e cultural. O desaparecimento da classe média ocidental não é mensurado somente por indicadores econômicos e sociais, mas também, e sobretudo, pela perda de um status, o status de referência cultural.

3
Quem quer ser um deplorável?

O sentimento de pertencimento à classe média não repousava sobre um patamar de renda ou categorias socioprofissionais (CSP), mas, acima de tudo, sobre o sentimento de personificar valores majoritários e ser parte integrante de um movimento econômico, social e cultural iniciado pelas classes dominantes. Foi essa situação que prevaleceu durante os Trinta Anos Gloriosos, o período no qual quase todos os estratos sociais, dos operários aos quadros diretores, tinham a sensação de estarem integrados e se beneficiarem das grandes mutações econômicas e sociais da época. Nesse dispositivo, as categorias populares, de operários e funcionários de escritórios, ocupavam lugar central no tabuleiro político. Como representavam os valores de toda a sociedade, essas categorias eram, de fato, as referências culturais não somente das classes dirigentes, mas também dos recém-chegados, as categorias populares imigrantes.

A perda do status de referência cultural

Foi esse modelo integrador que entrou em colapso nas últimas décadas, criando uma ruptura fundamental não entre ricos e pobres, mas entre as novas classes superiores e as novas classes populares. Se o modelo econômico levou à regressão social da classe média ocidental, foi principalmente sua relegação cultural que a condenou. Com efeito, os indicadores sociais e econômicos só permitem apreender uma única dimensão da questão. O conceito de classe média é, antes de tudo, cultural, falando das próprias sociedades. Da mesma maneira que o pertencimento de classe não se reduz a uma questão de nível de renda, as categorias que constituíam a base da classe média não se confundiam com um aglomerado de trabalhadores e/ou consumidores. Elas constituíam o cerne da classe média porque encarnavam o *way of life* americano ou europeu. A perda do status de referência social que condenou a classe média ocidental fragilizou o modelo e os valores da própria sociedade. O processo de relegação econômica e geográfica iniciado na década de 1980 inverteu a situação. Excluídas do mundo econômico, essas categorias pouco a pouco se tornaram aquelas com as quais era preciso não se parecer. Nascia a figura do deplorável.[1]

De desejáveis a deploráveis, as categorias populares mudaram radicalmente de status. Essa modificação também fez desaparecerem os atores invisíveis dos modelos de integração. Essas categorias, agora consideradas pela classe dominante um peso social, na melhor das hipóteses, ou um inimigo, na pior, já não são prescritivas para os recém-chegados.

Quem quer se parecer com um deplorável?

Tanto nos Estados Unidos quanto na Europa, a assimilação dos recém-chegados sempre ocorreu pela identificação com a classe média majoritária, especialmente com as frações populares dessa categoria. Foram elas que sempre portaram os valores dominantes da sociedade anfitriã, encarnando os modelos de integração. Categorias referenciais para as classes dominantes, essas classes populares representavam o grupo com o qual se parecer e ao qual se unir (por meio do casamento e da adesão a associações e sindicatos). Esse processo contribuiu para ancorar as diferentes ondas de imigração nos séculos XIX e XX, quaisquer que fossem suas origens, a uma base cultural comum tanto na Europa quanto

---

1. Ver nota 6, p. 16.

nos Estados Unidos, não importava o modelo preexistente. Integradas economicamente e respeitadas culturalmente pelas classes dominantes, as classes populares autóctones representavam em termos concretos as solidariedades, a moral e os costumes da sociedade anfitriã. Confiantes em sua hegemonia cultural e numérica, podiam aceitar com relativa facilidade a chegada de novas populações, cujo destino era adotar os valores das categorias populares que partilhavam seu status social. A globalização, a desindustrialização, a relegação social e a instabilidade demográfica destruíram esse status de referência cultural. Do status de transmissoras do *way of life* americano ou europeu ao de perdedoras, as categorias populares autóctones se tornaram aquelas com as quais é preciso não se parecer. Quem gostaria de fazer parte de uma categoria social condenada pela história econômica e apresentada pelas mídias como subclasse falha, racista, amarga e inculta?

Você gostaria de se parecer com um caipira francês, um deplorável americano, um perdedor britânico, um racista alemão, um simplório sueco ou um fascista italiano? A essa pergunta, os recém-chegados respondem "não, obrigado", *no thanks*; *nein danke; nej tak; no grazie*! Da velha Europa aos Estados Unidos, a perda do status de referência cultural das categorias que personificavam os modelos de integração provoca sua derrocada.

Na França, nos Estados Unidos, na Alemanha, na Suécia ou na Holanda, os debates e as interrogações sobre os modelos são os mesmos. Contrariamente ao que imaginavam os anglo-saxões ou os franceses do outro lado do canal da Mancha, seu modelo não era superior aos outros e foi esmagado pela mesma realidade. A França acreditou durante muito tempo que seu modelo assimilacionista — que não reconhecia origem nem comunidade — produziria uma sociedade diversa, mas serena, uma vez que estaria reunida em torno de um consenso republicano. Em algumas décadas, esse otimismo foi abalado pela realidade de uma sociedade sujeita a tensões etnográficas que lembram, em todos os pontos, as da sociedade americana. Inversamente, os britânicos e suecos, muito céticos em relação ao modelo republicano francês, achavam que seu modelo respeitador das diferenças era a condição para a vida em comunidade. No fim, encontramos as mesmas constatações e tensões de Los Angeles a Paris, de Malmö a Londres, os mesmos tumultos urbanos, as mesmas tensões raciais, a mesma paranoia identitária, o mesmo processo de divisão.[2]

Esse fracasso geralmente é atribuído à ideologia do multiculturalismo, ao islã ou ao comunitarismo. Embora seja verdade que todos esses elementos participaram da implosão dos modelos preexistentes, eles não foram sua causa. Essas ideologias se impõem com muito mais facilidade quando as condições do processo de integração/assimilação não estão presentes. A primeira dessas condições, como vimos, é a personificação dos modelos de integração por uma categoria majoritária e referencial, um papel antes ocupado pela antiga classe média.

Há grande incoerência em se queixar do aumento do comunitarismo quando, ao mesmo tempo, destroem-se todas as condições de integração ao isolar o grupo que sempre facilitou o processo de assimilação. A classe dominante, a mesma que hoje chora lágrimas de crocodilo por causa da ineficácia de seu modelo, facilitou a destruição desses modelos de integração. Ao destruir econômica e culturalmente a antiga classe média ocidental, em especial sua base popular, a classe dominante criou as condições para a destruição das sociedades ocidentais e sua balcanização.

Ao relegar e isolar culturalmente as categorias que personificavam o modo de vida e os valores das sociedades ocidentais, a classe dominante deslegitimou o sistema de valores ao qual os recém-chegados se integravam. É nesse vazio cultural que se aninham o multiculturalismo, o relativismo cultural, o comunitarismo ou o islamismo. Podemos debater incessantemente sobre a pertinência dos modelos, a crise identitária, a necessidade de reafirmar os valores republicanos e de definir o coletivo: todos esses debates são em vão se os modelos não são mais incorporados,

---

2. Em entrevista aos jornalistas Gérard Davet e Fabrice Lhomme, François Hollande revelou suas opiniões sobre o islã, os imigrantes e a divisão. Depois de dizer que tinha "um problema com o islã" e que não era possível "continuar a ter imigrantes chegando sem controle", o ex-presidente evocou a secessão dos territórios: "Como evitar a partição? Pois é isso que está se produzindo, uma partição." *Un président ne devrait pas dire ça...*, Stock, 2016.

pois é nos meios populares que se realiza ou não a integração. Não assimilamos, não nos casamos e não nos apaixonamos por um sistema de valores, mas por indivíduos e por um modo de vida que desejamos adotar.

Por isolar as classes populares a partir da década de 1970, a classe dominante ocidental tem responsabilidade esmagadora sobre o colapso dos modelos e o aumento das tensões e paranoias identitárias. Ao retirar das categorias modestas o status de referência cultural, ela programou a obsolescência dos modelos de integração. É nesse contexto que se deve compreender o impasse dos debates consagrados à identidade, aos valores ou ao coletivo que perpassam todas as sociedades ocidentais há vinte anos. Essa impotência não se deve à pertinência dos argumentos, mas ao fato de que, sem personificação, especialmente pelos meios populares, nenhum sistema de valores pode perdurar. Os modelos só existem e sobrevivem quando são personificados. Se não são mais afirmados no cotidiano por uma categoria majoritária, sua eficiência automaticamente se reduz. Tanto na Europa quanto nos Estados Unidos, a defesa dos modelos de integração tropeça nessa contradição. Sem uma reintegração econômica e cultural das categorias modestas, essa defesa é, na melhor das hipóteses, uma batalha contra moinhos de vento e, na pior, uma postura midiática ou política. Na França, por exemplo, a classe política há vinte anos enfatiza sua postura republicana, mas, ao mesmo tempo, subscreve e apoia um modelo econômico e social que, ao condenar a antiga classe média e sua base popular, relega as categorias que influenciam o modelo de integração.

O respeito aos grupos sociais e comunidades sempre está condicionado a sua integração ou êxito econômico. Isso é verdade para as minorias e também para as maiorias. Antes integrada econômica e politicamente, a classe operária se beneficiava de uma forte integração cultural e suscitava temor e respeito nos mundos de cima e de baixo. Não se pode reivindicar o respeito e, ainda menos, o status de referência cultural ou algum poder político sem integração econômica.

Não é possível estimar o impacto dos insultos e do ostracismo dos mais modestos sobre o colapso dos modelos de integração. Esse desdém das novas classes dominantes e superiores por seu próprio povo está na origem da desintegração das sociedades.

Essa constatação se mostra ainda mais perene porque as classes populares autóctones e os imigrantes já não vivem nos mesmos territórios. A concentração dos fluxos migratórios nos bairros de habitação social das grandes cidades e, inversamente, a dispersão das classes populares autóctones e dos antigos imigrantes pelos territórios rurais ou pequenas cidades reduzem automaticamente o contato, resultando em menos casamentos mistos e no reforço da endogamia.[3]

A arma da relegação cultural

Em 2016, Hillary Clinton chamou os eleitores de seu oponente republicano, ou seja, a antiga classe média americana, agora marginalizada, de "deploráveis". Para além do desprezo de classe que fundamenta uma expressão que lembra a do ex-presidente francês François Hollande, que falou dos operários ou funcionários de escritórios "sem dentes", ou seja, em condições precárias, esses insultos (ainda mais simbólicos por emanarem da esquerda) ilustram um longo processo de ostracismo de uma classe média que se tornou inútil. Essa relegação cultural das categorias que personificavam um modelo econômico e social estruturado em torno de um sistema nacional permite justificar a implantação de um modelo globalizado. Assim, sustenta o processo de "desnacionalização tranquila",[4] que, por sua vez, permite justificar a integração às regras do mercado globalizado. Utilizado como arma de classe, esse ostracismo dos mais modestos libera a classe dominante da camisa de força nacional.

Há décadas, a representação de uma classe média triunfante pouco a pouco cede lugar a representações cada vez mais negativas das categorias populares, e todo o mundo de cima participa dessa empreitada. O mundo do cinema, da televisão, da imprensa e da universidade se encarrega eficazmente desse trabalho de desconstrução para produzir, em apenas

---

3. Ver Michèle Tribalat, *Assimilation: la fin du modèle français*, L'Artilleur, 2017.
4. Mathieu Bock-Côté, *La Dénationalisation tranquille*, Boréal, 2008.

algumas décadas, a figura repulsiva de categorias populares desadaptadas, racistas e frequentemente próximas da debilidade mental.

Dos caipiras degenerados do filme *Amargo pesadelo*[5] ao simplório racista de *Dupont Lajoie*,[6] na década de 1970 a figura do "deplorável" se impôs no cinema. A televisão não ficou para trás. Na França, a década de 1980 foi marcada pela emergência do Canal+, a quintessência da ideologia liberal-libertária dominante. Esse canal trabalhou ativamente para a relegação cultural das classes populares ao associá-las sistematicamente a uma forma de degenerescência. Da série *Les Deschiens*[7] à marionete desmoralizante de Johnny Hallyday em *Guignols de l'info*, toda a produção audiovisual deu livre curso a seu desprezo de classe. Dos caipiras franceses aos deploráveis americanos, o processo de depreciação das classes populares percorreu todos os países desenvolvidos.

Essa iniciativa foi tão eficaz que, hoje, toda expressão popular é imediatamente desacreditada. O ceticismo dos operários em relação ao modelo globalizado e à construção europeia foi analisado como falta de escolarização, os pedidos de regulamentação como sinal de isolamento identitário, a cólera dos prefeitos rurais como o ressurgimento de um novo pétainismo. Os intelectuais que se arriscaram a esclarecer essas realidades foram imediatamente fichados, suspeitos de "fazerem parte do jogo".

Paralelamente, essa relegação cultural é acompanhada de uma tentativa de instrumentalização das minorias e da questão do racismo. Essa estratégia permite que a classe dominante acelere o processo de marginalização da antiga classe média ocidental (supostamente branca), fazendo-a carregar todos os males das sociedades ocidentais. Da escravidão à colonização, passando pelo Holocausto e pela opressão dos homossexuais, as classes populares ocidentais passam cotidianamente pelo tribunal da História. A armadilha é inevitável. Ela joga a maioria dessas categorias na lata de lixo da História e oferece uma nova virgindade à classe dominante. Nessa partilha da história ocidental, as classes populares são

---

5. Filme americano de 1972 dirigido por John Boorman.
6. Filme francês de 1975 dirigido por Yves Boisset.
7. Criada por Jérôme Deschamps e Macha Makeïeff, Canal+, 1993.

obrigadas a representar o lado obscuro, ao passo que as classes dominantes se apresentam como herdeiras de uma história positiva (do Iluminismo à emancipação das minorias). As "lágrimas do homem branco"[8] colocam as classes dominantes e superiores em uma postura de superioridade moral ao designar as verdadeiras culpadas: as classes populares.

No fim do século XX, a classe dominante habilmente se desvincula das "horas sombrias" da história ocidental sobre as costas das classes populares. Assim, pode se apresentar com o novo manto de uma burguesia positiva e benevolente, impulsionada apenas pelos valores dos direitos humanos e do mercado. As novas classes populares ocidentais, por sua vez, apresentadas como herdeiras da colonização e da Solução Final, não encontram lugar na sociedade aberta do século XXI. Essa relegação cultural que condena a antiga classe média ocidental deslegitima, na prática, qualquer contestação social do modelo econômico.

Nesse contexto, a religião do politicamente correto surge como arma de classe muito eficiente contra a antiga classe média. Horizonte intransponível para uns e ameaça para outros, essa ideologia é, acima de tudo, um instrumento de dominação. Adotada pelo mundo de cima, a novilíngua é pouco usada pelas classes populares, que compreenderam que essa ideologia visa menos a proteger as minorias do que lhes criar obstáculos. Na realidade, as classes dominantes não protegem as minorias, mas se servem delas,[9] especialmente nos períodos eleitorais, em que as minorias são chamadas a defender o sistema em nome da luta contra o racismo (o que não impede a nova burguesia de praticar a evasão residencial e escolar dos bairros ou colégios em que se concentram as minorias).[10]

A vitimização das minorias pelo mundo de cima, essa essencialização que lembra a dos indígenas na época colonial, participa do isolamento identitário das minorias e permite que as classes superiores esvaziem a questão social, substituindo-a pela questão da alteridade cultural. Nessa

---
8. Pascal Bruckner, *Le Sanglot de l'homme blanc*, Le Seuil, 2002.
9. A ênfase dada às minorias oferece uma caução "social" a um modelo que exclui a maioria das classes populares. Essa instrumentalização é acompanhada de um *diversity business* muito lucrativo, conduzido especialmente pelas grandes empresas.
10. Christophe Guilluy, *Le Crépuscule de la France d'en haut*, Flammarion, 2016.

configuração, a nova burguesia não explora os imigrantes (babás, funcionários de manutenção, cozinheiros, artesãos), não, ela vai ao encontro do Outro ao ajudá-lo a se integrar. Com a questão social esvaziada, é preciso excluir as categorias que poderiam reativar a relação de classe e que representavam a antiga classe média ocidental.

Depois que a figura do deplorável foi imposta, a classe dominante pôde legitimar todas as suas reformas em nome do Bem. A nova burguesia descolada do século XXI compreendeu que já não podia, como no século XIX, disparar canhões contra os *communards* ou impor sua moral e sua ordem social pela força. Hoje, utiliza a arma da relegação cultural para marginalizar o mundo de baixo. Do antifascismo de araque ao antirracismo, essa nova burguesia dispõe de um arsenal ideológico formidável contra categorias que se tornaram inúteis.

Fase terminal: a etnização do conceito

A facilidade com que a ideologia multicultural se impôs no Ocidente é inversamente proporcional não somente à adesão que suscita na opinião pública, mas também à debilidade do projeto social que sugere. O multiculturalismo é, de maneira intrínseca, uma ideologia falha que divide e fragiliza. No entanto, conduzida por alguns lobbys comunitários e instrumentalizada pela classe dominante e pelos partidos políticos, surge como horizonte intransponível. Simples instrumento de marketing comercial, político e comunitário, o multiculturalismo se impõe principalmente em função do vazio provocado pela perda do status de referência cultural da antiga classe média ocidental. Na Europa, a ideologia multicultural, embora majoritariamente rejeitada e até mesmo descrita por alguns dirigentes como um fracasso,[11] impõe-se sem dificuldade no vazio deixado pelo abandono das antigas classes médias.

É nesse vazio que mergulham hoje os comunitarismos. Em todos os países ocidentais, os recém-chegados preferem, muito logicamente, pre-

---

11. Angela Merkel, outubro de 2010, e David Cameron, fevereiro de 2011.

servar seu capital social e cultural protetor a esposar modelos em vias de decomposição. Essa reafirmação identitária, que emana de minorias que, evidentemente, não têm nenhum desejo de se parecer com os perdedores econômicos e culturais da globalização, acelera a marginalização cultural das classes populares ocidentais e leva à fase terminal de etnização da antiga classe média ocidental, que, entretanto, jamais se definiu por suas origens. Ela jamais teve cor ou religião, jamais se identificou como categoria étnica. Ao contrário, a classe média sempre foi essencialmente a categoria integradora. Tanto na Europa quanto nos Estados Unidos, a antiga classe média sempre foi caracterizada por sua diversidade social, étnica e cultural.

Tudo mudou quando as categorias populares começaram a sofrer os efeitos da desindustrialização em um contexto de intensificação dos fluxos migratórios. Na França, a etnização do conceito de classe média começou no início da década de 1980, com a esquerda socialista se encarregando da operação ao instrumentalizar a questão etnocultural em detrimento da questão social.[12]

Com efeito, o início da década de 1980 foi marcado pela midiatização dos primeiros tumultos etnoculturais. A França descobriu seus "guetos". A continuação e a intensificação dos fluxos migratórios, combinadas à partida e, sobretudo, à evasão das classes populares autóctones levaram à etnização de inúmeros territórios urbanos. O Estado então iniciou políticas públicas que visavam a favorecer a "miscigenação social"; na realidade, a miscigenação étnica. A impossibilidade de designar claramente o separatismo, não exclusivamente social, mas também cultural, e o desenvolvimento da *white flight*[13] conduziram à elaboração de uma novilíngua na qual "classe média" é sinônimo de "brancos". Os objetivos da miscigenação, que passaram a integrar todas as políticas públicas, incluíam "atrair as classes médias". Do que estamos realmente falando? Dos executivos? Dos burgueses boêmios? Não, falamos dos brancos das categorias modestas, que se recusam a "viver em conjunto".

---

12. Um processo criado em 2011 pela *think tank* Terra Nova, inspiradora da campanha presidencial de François Hollande.
13. O termo "*white flight*" ("fuga dos brancos") nasceu nos Estados Unidos na década de 1960.

Associada à *white flight* dos bairros, a antiga classe média francesa e americana também é cada vez mais associada à categoria dos "pequenos brancos", ou seja, os perdedores (mais uma maneira de condenar definitivamente a ideia de uma classe média referencial, representante do coletivo). Os eleitores de Donald Trump, do sim ao Brexit ou da Frente Nacional são descritos alternadamente como pertencentes à antiga classe média e/ou aos "pequenos brancos". Essa marginalização cultural, que lembra em todos os pontos o processo de etnização das minorias, leva à marginalização política de categorias que, todavia, são majoritárias. A ênfase nos "pequenos brancos", ou *white trash*,[14] surge como armadilha mortal para a antiga classe média. Em um contexto de intensificação dos fluxos migratórios, cria *in vivo* um grupo destinado a se tornar minoritário. Desse modo, participa da emergência de uma sociedade relativa sem interesses de classe, para grande benefício das classes dominantes e superiores.

Após ter racializado as minorias, as classes midiática e acadêmica contribuem hoje para a racialização dos brancos pertencentes aos meios populares. A utilização desdenhosa da expressão "pequenos brancos", que lembra a utilização de *white trash* pela burguesia americana, permite não somente afastar essas categorias para deslegitimá-las como também prendê-las em um determinismo racial e uma marginalização cultural e política. Depois das minorias, a classe dominante — sem origem nem religião — envia para as margens categorias que ainda são majoritárias. A armadilha se fecha sobre as classes populares brancas, agora aprisionadas, como as minorias, em uma postura de vitimização que acentua ainda mais sua relegação.

O desaparecimento da classe média ocidental anuncia a era da sociedade relativa, na qual, por enquanto, nenhum grupo é capaz de personificar um modelo cultural dominante e os valores comuns. Como criar uma sociedade sem uma classe média majoritária e integrada econômica e culturalmente? Com quem conversar para partilhar reformas, um

---

14. "*White trash*" ("lixo branco") é uma expressão eminentemente pejorativa inventada no século XIX para designar os brancos pobres e sem educação formal.

projeto, um movimento social, uma revolução? Confrontados com esse impasse cultural, sem pontos de apoio na sociedade, os dirigentes políticos são incapazes de defender o menor sistema de integração e navegam sem mapas. Em face do aumento do comunitarismo, das tensões e das paranoias identitárias, eles enfatizam sua postura republicana... em um barco desgovernado.

É nesse contexto explosivo que o mundo de cima escolhe a secessão, o abandono do bem comum, acentuando seu isolamento; uma ruptura histórica que nos faz entrar na era da a-sociedade.

SEGUNDA PARTE

No society

O desaparecimento da classe média ocidental inicia a era da a-sociedade, da ruptura do elo entre os mundos de cima e de baixo. A luta de classes acabou, pois, como explicou o bilionário americano Warren Buffett, ela foi vencida há muito tempo pela classe dominante.[1] Chegamos à era da grande separação social e cultural entre as classes superiores e as classes populares.

A ruptura não passa por uma luta frontal entre as classes sociais, mas por sua negação, por um embaralhamento habilmente realizado que leva à invisibilização dos mais modestos. A nova burguesia abandonou as classes populares ocidentais e, com elas, a luta de classes.

Já não lidamos com um mundo de cima que defendia a antiga ordem, a autoridade e as estruturas nacionais, mas com uma nova burguesia descolada que escolheu a secessão. O sacrifício da classe média ocidental no altar da globalização foi somente a primeira etapa de um processo que levou o mundo de cima a abandonar os modelos e valores comuns que cimentavam as sociedades ocidentais. Pela primeira vez, a classe dominante e seus retransmissores midiáticos, culturais e acadêmicos não falam nem em nome das classes populares nem contra elas, pois estas saíram da História.

---

1. "Existe uma guerra de classes, isso é fato. Mas é minha classe, a classe dos ricos, que conduz essa guerra e está prestes a vencê-la", Warren Buffett na cadeia de televisão americana CNN em 2005.

Hoje, *noblesse n'oblige plus* ("a nobreza já não obriga"). Ao romper o elo entre o mundo de cima e o de baixo, que é a própria condição de existência da sociedade, as classes dominantes e superiores não buscam mais a sociedade, mas a secessão. Liberada de suas obrigações, a nova burguesia deserta. Por sua vez, conscientes desse afastamento, as classes populares já não reconhecem nenhuma legitimidade nesse mundo de cima que foge de suas responsabilidades e iniciam sua grande marronagem.

Ora, se o mundo de cima já não é capaz de se encarregar dos interesses do mundo de baixo, é a própria sociedade que entra em colapso. O desaparecimento da classe média ocidental nos fez entrar em um período caótico no qual tudo que formava o coletivo, do Estado de bem-estar social à partilha de valores, é desmantelado pouco a pouco. O aprofundamento das desigualdades sociais e territoriais é somente um sintoma dessa mudança social e cultural. A ruptura do laço entre o mundo de cima e sua base popular fez emergir a sociedade das minorias e maiorias relativas e da indistinção social e cultural.

Confrontado com a contestação populista, o mundo de cima escolheu o salto para a frente (econômico e social) e acelerou sua cidadelização. Embora essa deserção reforce temporariamente as posições sociais e territoriais dos vencedores da globalização, ela inicia no Ocidente a era do caos tranquilo. "*There is no society.*"

4.
O isolamento de uma burguesia associal

Representantes autoproclamados da sociedade aberta e da vida em conjunto, as classes dominantes e superiores do século XXI conseguiram, em algumas décadas, o que nenhuma burguesia havia conseguido: distanciar-se, sem conflito nem violência, das classes populares. A cidadelização, que a tecnoestrutura chama de "metropolização", é somente a forma geográfica do processo de secessão das burguesias na era da globalização.

Uma burguesia associal

A fraude da sociedade ou cidade aberta oferece ao mundo de cima uma superioridade moral que lhe permite dissimular a realidade de seu isolamento geográfico e cultural. A *"open society"* certamente é a maior *fake news* das últimas décadas. Na realidade, a sociedade aberta e globalizada é a sociedade do isolamento do mundo de cima em seus bastiões, seus empregos, suas riquezas. Abrigada em suas cidadelas, a burguesia "progressista" do século XXI se distanciou do povo e já não pretende cuidar de suas necessidades. O objetivo agora é gozar dos benefícios da globalização sem restrições nacionais, sociais, fiscais, culturais... e, amanhã, talvez biológicas.[1]

Em 1979, o historiador e sociólogo Christopher Lasch revelou como a cultura do narcisismo e do egoísmo conduziria os Estados Unidos à ruína antissocial.[2] Ele desenhou com precisão o retrato de uma nova burguesia associal e, especialmente, sua incapacidade de evoluir e interagir fora das próprias redes. Inadaptada à vida em sociedade, ela agora nega totalmente a realidade das classes populares.

É compreensível, nesse contexto, que a emergência do mundo das periferias populares e a ameaça que ele representa tenham provocado tal onda de pânico no mundo de cima. Um mundinho cada vez mais fechado que, hoje, parece tentado a reproduzir a fuga de Varennes.

Onda de pânico: a frente unida das burguesias

A onda populista que varre o Ocidente deu origem a um pânico sem precedentes no seio da classe dominante. Lembremos, por exemplo, das reações políticas, midiáticas e acadêmicas suscitadas pelo voto em favor do Brexit ou pela eleição de Donald Trump. Insultos e recusa em aceitar os resultados eleitorais: o comportamento das classes dominantes e superiores revelou todos os sintomas da histeria de uma burguesia associal. Descobrindo a fragilidade de sua posição, o mundo de cima reagiu formando uma frente unida e reforçando sua bunkerização.

A última eleição presidencial francesa também viu a emergência de uma coalizão inédita das burguesias (tradicional e progressista). Em todas as metrópoles e territórios privilegiados da França periférica, os

---

1. O individualismo e o desinteresse pelo mundo de baixo podem assumir formas extremas em uma fração da elite globalizada que, hoje, aposta na revolução da inteligência artificial e no transumanismo para iniciar a ruptura final. Nesse novo mundo, as classes dominantes poderiam finalizar o processo de secessão iniciado na década de 1980 ao reforçar seu domínio, notadamente pelo controle da inteligência.
2. Christopher Lasch, *La Culture du narcissisme* e *La Révolte des élites*, Champs-Flammarion, 2008 e 2010.

burgueses de direita e de esquerda votaram no candidato do modelo dominante, Emmanuel Macron. Nas grandes cidades gentrificadas, nas quais a presença popular encolheu como a pele de onagro, as classes superiores formaram uma frente unida, abandonando a velha clivagem direita-esquerda: não hesitaram em abandonar a postura identitária ou social para se unir ao candidato liberal.

Os territórios da burguesia exprimiram no primeiro turno um voto identitário de direita e um voto identitário de esquerda. François Fillon reuniu os ouropéis do voto de direita, ao passo que Jean-Luc Mélenchon (e/ou Benoît Hamon) captou o essencial dos vestígios do voto identitário de esquerda. No segundo turno, a adesão maciça a um candidato cujo programa visava precisamente a se livrar dessas identidades nos mostra que, há décadas, estamos em um teatro. Assistimos a uma exibição de *As preciosas ridículas*, de Molière, com Cathos personificando os eleitores de Fillon e Magdelon os de Mélenchon-Hamon. A comparação termina aqui, pois Mascarille, o valete, não está previsto no programa, uma vez que, nas grandes cidades gentrificadas de hoje, o povo é *persona non grata*.

Em Paris, Lyon, Bordeaux, Toulouse, Nantes ou Rennes, a maquiagem identitária e/ou social escorreu entre os dois turnos: no segundo turno, a antiga burguesia dessas cidades, que votara em François Fillon, e a nova, que votara em Jean-Luc Mélenchon ou Benoît Hamon no primeiro turno, ofereceram ao candidato liberal Emmanuel Macron a maioria avassaladora: 89,7% em Paris, 84,1% em Lyon, 82,9% em Toulouse, 85,9% em Bordeaux, 86,5% em Nantes, 78,3% em Lille, 77,6% em Montpellier e 88,4% em Rennes.

No primeiro turno da última eleição presidencial, a burguesia conservadora escolheu François Fillon e a burguesia progressista votou em Emmanuel Macron e, mais marginalmente, em candidatos da esquerda, como Jean-Luc Mélenchon e Benoît Hamon. Se, no segundo turno e em escala nacional, Emmanuel Macron se beneficiou da transferência de 71% dos votos de Benoît Hamon, 52% dos votos de Jean-Luc Mélenchon e 48% dos votos de François Fillon, essas transferências foram ainda mais maciças nas grandes cidades burguesas.

Em Paris, onde a classe executiva, as profissões intelectuais e as profissões intermediárias representam quase três quartos da população ativa e a presença das classes populares se reduz a alguns enclaves de habitações sociais, o enfrentamento eleitoral se resume, desde o fim da década de 1990, às duas burguesias.[3] Reveladora da perda de influência da esquerda nos meios populares, foi essa gentrificação que permitiu, em 2001, que o Partido Socialista chegasse à prefeitura. O mapa eleitoral que opunha o oeste burguês ao leste popular hoje opõe a burguesia tradicional e conservadora do oeste à nova burguesia descolada do leste. Tanto o 20ᵉ arrondissement de Paris, bastião histórico da esquerda, quanto o completamente direitista 16ᵉ arrondissement votaram quase unanimemente em Emmanuel Macron: 90% no 20ᵉ e 87,3% no 16ᵉ. Dito de outro modo, os partidários da Manif pour tous[4] escolheram o candidato do liberalismo cultural, ao passo que os críticos das finanças internacionais votaram maciçamente em um banqueiro de investimentos!

Mas havia alternativas ao voto Le Pen: abstenção, voto em branco, voto nulo. No entanto, movidos apenas por coragem e profundas convicções, burgueses de esquerda e de direita preferiram criar uma frente unida. Com a morte na alma, não hesitaram em abandonar seus ideais e sua identidade de direita ou de esquerda.

É preciso dizer que, após o Brexit e a eleição de Trump, o momento era grave: seu patrimônio, especialmente imobiliário, estava em perigo! Um patrimônio cujo valor não parou de aumentar nessas últimas décadas (o patrimônio da burguesia tradicional, mas também da nova): enquanto o preço do metro quadrado dos apartamentos era de em média 10.800 euros no burguês 16ᵉ arrondissement, era de pouco mais de 7.200 euros no supostamente "popular" 20ᵉ arrondissement! A burguesia dos edifícios particulares e a nova, aquela dos lofts, optaram pela segurança material ao criar uma frente unida.

No mundo ocidental, frequentemente a identidade de direita ou de esquerda já não é mais que uma postura, um verniz, uma dramatização que permite animar um debate fictício a fim de se unir no essencial: a defesa de um modelo do qual ambas se beneficiam. Nos Estados Unidos,

---

3. Christophe Guilluy, *Atlas des fractures françaises*, op. cit.
4. No segundo turno, Emmanuel Macron obteve 76% dos votos em Versalhes.

a direita defende o credo americano, mas não deixa de apoiar, há décadas, a integração da sociedade americana a um modelo que fragiliza seus valores. A vontade do establishment republicano de afastar o protecionista Trump é um bom indicador da relatividade dessa ligação. Na França, o fillonismo revelou as mesmas contradições. A postura de defesa dos valores "tradicionais" mascarava (mal) a total adesão a um modelo liberal que os desconstrói. Como resumiu Jean-Claude Michéa, "dificilmente se pode conciliar a ideia de que o domingo é o dia do Senhor ou das atividades familiares com a ideia de que o comércio deve funcionar como em todos os outros dias. O modelo econômico visa, acima de tudo, a produzir, vender e comprar tudo que pode ser produzido ou vendido, trate-se de uma TV de tela plana, de uma Kalashnikov ou do ventre de uma mulher grávida".[5]

Evidentemente, a vitória do presidente Macron não se resume à aliança dos ganhadores da globalização. Em 2017, o macronismo não teria ganhado sem o reforço dos protegidos, os aposentados e servidores públicos. Embora Emmanuel Macron tenha obtido quase unanimidade entre os executivos (82%) e os domicílios com renda mensal superior a 3 mil euros (75%) e Marine Le Pen tenha se saído bem entre os eleitores que afirmavam passar por "muitas dificuldades" (69%), os operários (56%), os funcionários de escritórios (46%) e os eleitores de domicílios com renda média mensal de 1.250 euros (55%), foram os protegidos da globalização,[6] os aposentados (74%) e servidores públicos (61%), que garantiram a ele a vitória. Assim, essas duas categorias votaram no candidato mais determinado a acentuar a pressão fiscal sobre os aposentados, reduzir o número de servidores públicos e diminuir seu status.

Como se vê, as estratégias eleitorais do mundo de cima se parecem cada vez mais com um salve-se quem puder. A eleição de Macron foi uma vitória de Pirro, possível somente em função da debilidade e da divisão do mundo de baixo. Mas a edificação é muito frágil, pois se apoia

---

5. Jean-Claude Michéa, entrevista a Laetitia Strauch-Bonart, "Peut-on être libéral et conservateur?" *Le Figaro*, 12 de janeiro de 2017.
6. Ipsos/Steria, pesquisa realizada entre 4 e 6 de maio de 2017 por France Télévisions, Radio France, LCP-Public Sénat, *Le Monde*, *Le Point* e RFI-France 24.

em maiorias circunstanciais que necessitam não somente da adesão dos "protegidos", mas também da manipulação das minorias.

Nos países desenvolvidos, a classe dominante, cujo roteiro exige recolher as velas do Estado de bem-estar social, depende, paradoxalmente, de categorias ainda protegidas dos efeitos da globalização e, à margem, de minorias em situação precária para implementar as regras da economia global. Embora a classe dominante possa se apoiar no envelhecimento da população e no aumento do número de aposentados para manter sua hegemonia, esse apoio depende estritamente do grau de proteção que o Estado de bem-estar social ainda pode oferecer a categorias socialmente muito frágeis.

O voto em favor do Brexit, por exemplo, mostrou que os aposentados também podem "mudar de lado" quando o sistema já não assegura sua proteção social ou cultural. Ao insistir no desmantelamento do Estado de bem-estar social, as classes dominantes serram o galho sobre o qual ainda se apoia seu domínio. Agora cativo, o eleitorado idoso não apoiará eternamente um sistema que o fragiliza. É por isso que as classes dominantes ocidentais fizeram a arriscada aposta em um eleitorado mais jovem e em forte crescimento, o das minorias. Adotada pelos partidos de esquerda na Europa e pelos democratas nos Estados Unidos, essa estratégia eleitoral é igualmente frágil: os interesses desse eleitorado popular e precário estão distantes dos de uma classe dominante adepta de um modelo que restringe os salários das pessoas modestas ao impor reformas sociais no mínimo dessincronizadas com o apego dessas categorias aos valores tradicionais. A estratégia eleitoral das classes dominantes visa a reduzir essa grande distância ideológica através da etnização excessiva das relações sociais e da ênfase no racismo das classes populares tradicionais e do risco de surgimento de um regime totalitário e/ou fascista. Depois de vinte anos, a encenação midiático-acadêmica e o financiamento do antirracismo e do antifascismo deram frutos, uma vez que parte desse eleitorado passou para o lado dos candidatos liberais (Barack Obama nos Estados Unidos, François Hollande na França), mas essa estratégia é cada vez menos eficaz.

Na França, o eleitorado das áreas suburbanas é amplamente indiferente (e, entre os habitantes mais jovens, quase sempre muito hostil) aos partidos de esquerda; nos Estados Unidos, os candidatos democratas têm cada vez mais dificuldade para atrair as minorias, especialmente os negros. Essas minorias estão cada vez mais conscientes e educadas e se deixam manipular cada vez menos por discursos caricatos e paternalistas de uma burguesia cujo único objetivo é manter sua posição de classe. Tanto na Europa quanto nos Estados Unidos, o indigenato chegou ao fim.

Além disso, essa estratégia eleitoral se choca com a realidade das sociedades globalizadas e multiculturais, a realidade da defesa do capital social e cultural dos mais modestos. A questão da intensificação dos fluxos migratórios e da instabilidade demográfica não é preocupante somente para as classes populares brancas. Citemos, por exemplo, os franceses de origem magrebina ou os afro-americanos fragilizados por ondas migratórias que podem recolocar em questão um capital social e cultural que lhes custou caro, e que aderem cada vez menos à doxa da sociedade aberta.

O isolamento cultural e a recusa do Outro (as categorias populares), habilmente mascarados pelo falso discurso de abertura às minorias (jamais colocado em prática), definem em todos os aspectos o isolamento identitário e seus impasses: gregarismo, consanguinidade, aridez de ideias, oligarquia, plutocracia e, *in fine*, a tentação de um totalitarismo brando.[7] A histeria, a paranoia e os discursos de ódio que acompanharam a votação em favor do Brexit ou a eleição de Donald Trump são característicos das patologias desenvolvidas por uma burguesia fundamentalmente associal. Fechado em cidadelas cada vez mais socialmente homogêneas, o mundo de cima entrou em um processo de isolamento geográfico e social que passa igualmente pelo bloqueio do debate público.

Do antifascismo de araque ao "é mais complicado que isso"

Um indivíduo sofrendo de associabilidade frequentemente desenvolve problemas psicológicos que levam a uma forma de agressividade e pa-

---

[7]. Natacha Polony e Comitê Orwell, *Bienvenue dans le pire des mondes*, Plon, 2016.

ranoia em relação a seu entorno. Essa patologia descreve perfeitamente essa burguesia cada vez mais gregária, que se isola continuamente ao ostracizar as classes populares e aqueles que a defendem.

Durante décadas, a construção, pelas mídias e universidades, da imagem de um mundo de cima benevolente e esclarecido em face de um mundo de baixo belicoso e ignorante protegeu as classes dominantes e superiores. Essa postura moral foi de curta duração. Hoje, o discurso da sociedade aberta e a postura moral que a acompanha não enganam mais ninguém, sobretudo as classes populares. A logorreia pretensiosa do "alto clero" acadêmico, midiático e tecnocrático se mostrou vazia. Se "chamar alguém de fascista ou racista é um exercício sem riscos que só pode trazer vantagens políticas e pessoais",[8] esse antifascismo de araque já não é suficiente para que o mundo de cima imponha suas representações à opinião pública.

Com a arma do antifascismo sendo cada vez menos eficaz, a classe dominante passou a utilizar uma cortina de fumaça mais sutil para se proteger: "é mais complicado que isso." Essa retórica, que, aliás, permite que o mundinho midiático e acadêmico reative o magistério que perdeu, visa a destacar a complexidade para melhor ocultar o real. Nesse esquema, as classes populares e a França periférica não existem.

A heterogeneidade das diferentes categorias populares (operários, funcionários de escritórios, camponeses, autônomos) e territórios (rurais, pequenas e médias cidades) é enfatizada para negar a existência de um destino comum partilhado pelos mais modestos. No mesmo registro, o sucesso econômico de certos territórios ou cidades pequenas é sublinhado para negar a fragilidade social e econômica da França periférica. Inversamente, utiliza-se a existência de bairros pobres ou guetos no interior das metrópoles e a crise de algumas cidades grandes para minimizar a dinâmica global de aburguesamento e cidadelização das metrópoles.

Mas parece simples compreender que a presença de alguns domicílios pobres em Neuilly-sur-Seine não a torna uma comuna pobre ou média e que, ao contrário, não é porque alguns habitantes pagam imposto solidário sobre a riqueza em La Courneuve que essa comuna suburbana

---

8. Jean-Claude Michéa, *Notre ennemi, le capital, op. cit.*

de Paris registra um processo de aburguesamento. Por trás do discurso da complexidade, dessa recusa em "generalizar", a classe dominante na realidade continua sua obra de invisibilização das dinâmicas sociais e territoriais de longo prazo que conduziram à emergência de um mundo das periferias em territórios que são diversos, mas repousam sobre um mesmo *continuum* sociocultural.

Os representantes eleitos da França periférica não frequentaram universidades ou consultaram "especialistas em complexidade" para tomar consciência da diversidade de seus territórios e suas populações, cujas expectativas também são complexas e ambivalentes. A complexidade das questões sociais e territoriais não é nova (o Insee, por exemplo, mapeou por muito tempo a diversidade dos "territórios de vida").[9]

Pode-se afirmar sem risco que a complexidade está no âmago de tudo, inclusive dos indivíduos. Quanto à recusa em "generalizar", parece uma admissão da interdição de qualquer pensamento divergente. É preciso lembrar? Pensar é conceitualizar, e conceitualizar é generalizar. Isso não nos impede, evidentemente, de pensar na complexidade dos territórios e na diversidade social e cultural das categorias modestas. Nesse contexto, a análise da geografia eleitoral é parte essencial dessa guerra de representações. Também nesse domínio, o "é mais complicado que isso" permite minimizar as fraturas que atravessam as sociedades ocidentais.

Em 2017, a eleição presidencial francesa resultou em um enfrentamento quimicamente puro entre Emmanuel Macron e Marine Le Pen: França de cima contra França de baixo, metrópoles globalizadas contra França periférica, classes populares contra classes superiores, *winners* protegidos contra perdedores da globalização, nômades contra sedentários. As fraturas territoriais, culturais e sociais jamais foram tão visíveis, mesmo com exceções confirmando a regra: com efeito, os votos para Macron nos vilarejos e cidadezinhas abastadas da França periférica ou os votos dos habitantes da "periferia imposta"[10] das grandes cidades para Le Pen de modo algum colocam em questão a dinâmica global.

---

9. "Une approche de la qualité de vie dans les territoires", Insee, 8 de outubro de 2014.
10. Ver nota 5, p. 15.

Com a eleição tendo tornado visível demais um conflito de classes que o mundo de cima tenta mascarar há décadas, os contra-ataques foram preparados. Assim, a célebre *think tank* Terra Nova publicou uma nota de análise que visava a restabelecer uma representação politicamente correta dos territórios na qual não havia perdedores, ganhadores ou conflito de classes, mas simplesmente a manifestação marginal da expressão populista de certas categorias que não compreenderam que "é mais complicado que isso". O conceito de França periférica naturalmente foi um alvo. Como sempre, a argumentação é falaciosa e tende a turvar as águas. Isso começa pelo título: "O voto das periferias contra o voto das metrópoles, um esquema equivocado?" A "França periférica" se torna "as periferias". A falsificação é anunciada desde o início, uma vez que a França periférica não se confunde com "as periferias": há periferias tanto nos espaços metropolitanos quanto na França periférica. Repito: essa última corresponde a territórios distantes das quinze primeiras metrópoles e que, juntos, totalizam quase 60% da população. Essa divisão permite analisar a recomposição social dos territórios e do lugar das classes populares em um mundo globalizado. Isso não significa que 100% dos territórios e cidades da França periférica estejam em declínio e habitados por classes populares em situação precária, nem que todos os territórios metropolitanos tenham sido gentrificados, mas permite revelar dinâmicas econômicas similares no conjunto dos países desenvolvidos, de concentração das riquezas e das classes superiores e de distanciamento das classes populares desses territórios. Não é, como sugerem os redatores da nota, uma clivagem que opõe a cidade à zona rural nem o subúrbio ao centro das cidades. O conceito de França periférica, ao contrário, se liberta da tipologia do Insee precisamente para sair do determinismo geográfico.

Além disso, nesse documento, a análise das eleições é feita "em números", o que permite acentuar um pouco mais a confusão ao chegar a uma conclusão assombrosa: todos os candidatos obtiveram mais votos nos setores mais pobres. A nota da Terra Nova dá a entender que as grandes áreas urbanas (polos de 10 mil empregos ou mais) fazem parte da França das metrópoles, ao passo que a maioria dessas pequenas cidades pertence, na realidade, à França periférica. Essa apresentação permite reativar o argumento segundo o qual não há domicílios pobres na França periférica (ao passo que é nela que a maioria se localiza).[11] A nota evoca igualmente o "geografismo", embora eu jamais tenha explicado os votos por sua localização (qualquer que fosse), mas sim pela repartição das diferentes categorias sociais. Estranhamente, na conclusão, a nota é menos definitiva do que o título dava a entender, uma vez que evoca "os determinantes do voto" (idade, sexo, categoria socioprofissional, nível de qualificação etc.) e conclui que eles são mais importantes do que a localização geográfica dos eleitores!

O relatório da Terra Nova segue exatamente a linha de seus trabalhos anteriores. Foi essa *think tank* que, em 2012, sugeriu ao candidato socialista François Hollande abandonar as categorias populares tradicionais e se concentrar na nova aliança entre as classes urbanas e as minorias. Por trás da técnica do "é mais complicado que isso", uma obsessão: a relegação das classes populares e a promoção do mundo globalizado. Mas isso não deveria nos surpreender, uma vez que, como a maior parte dos "laboratórios de ideias", a Terra Nova é parcialmente financiada por multinacionais do CAC 40.[12] Sob o verniz acadêmico e o discurso supostamente científico (e apresentando as ciências sociais como ciências exatas), os inquilinos do mundo complexo não hesitam quando se trata de impor a representação única e simplificadora da classe dominante.

Embora a resistência ao fascismo e a ênfase na complexidade evidentemente sejam louváveis (ninguém é a favor do fascismo ou da essencialização), essa retórica permite à classe dominante interditar qualquer diagnóstico da realidade social e cultural das classes populares. Essas técnicas de intimidação permitem que a classe dominante se proteja e, incidentalmente, imponha sua superioridade moral.

Como nova arma de classe, o "é mais complicado que isso" permite bloquear o debate público pela negação do real. A existência de um

---

11. Christophe Guilluy, *Le Crépuscule de la France d'en haut, op. cit.*
12. Total, Areva, Air France, o grupo Casino, Suez e mesmo a Microsoft fazem parte dos generosos doadores.

conflito de classes? É mais complicado que isso! O desaparecimento da classe média ocidental? É mais complicado que isso! Os interesses de classe divergentes entre as novas classes superiores e as novas classes populares? É mais complicado que isso! A emergência da França periférica ou dos Estados Unidos periféricos? É mais complicado que isso! A concentração das classes superiores nas novas sedes do poder econômico e cultural em que se transformaram as metrópoles? É mais complicado que isso! A contestação, pelas classes populares, de um modelo do qual não se beneficiam? É mais complicado que isso! A generalização de um separatismo social e cultural? É mais complicado que isso! A desertificação dos serviços públicos nos territórios rurais? É mais complicado que isso!

A realidade das classes populares é realmente tão complexa de entender? Não. Na verdade, por trás da cortina de fumaça dessa "complexidade", as classes dominantes e superiores se protegem de uma realidade que revela um modelo fundamentalmente desigualitário.

Lançando mão de um argumento de autoridade,[13] os especialistas dos meios midiáticos e acadêmicos competem em relatórios "científicos" para explicar a que ponto o que vemos não é o que vemos. Sob o pretexto de que é preciso não generalizar, essencializar (pois isso nos leva de volta "às horas sombrias da História"), esse mundinho nega a existência das novas classes populares e dos territórios nos quais elas são majoritárias. Essa apresentação falaciosa visa a tornar invisível o essencial: o aburguesamento e a concentração do emprego nas grandes cidades e, inversamente, a fragilização da França periférica ao ritmo da desertificação do emprego.

Confrontada com a realidade do aprofundamento das fraturas sociais e territoriais, a classe dominante também utiliza o conceito (complexo e invisível) de escoamento para justificar um modelo muito elementar do *laissez-faire* do mercado. A teoria da mão invisível do mercado, de Adam

---

13. "O argumento de autoridade consiste em invocar uma autoridade durante uma argumentação, dando valor a uma hipótese em função mais de sua origem do que de seu conteúdo", Larousse.

Smith,[14] está de volta. Seu novo nome: escoamento. A maquiagem das lógicas do mercado é um elemento importante da guerra cultural conduzida pelas classes dominantes. Hoje, como ontem, trata-se, para elas, de criar conceitos intuitivos que validem a pertinência do modelo. Segundo essa teoria, quanto mais dinheiro têm as classes superiores, mais consomem e, sobretudo, mais investem. Essa dinâmica criaria *in fine* empregos para os mais modestos. Na economia digital dos Estados Unidos, estima-se que um emprego de grande valor agregado criaria quatro empregos menos qualificados.[15] Em contrapartida, a poupança dos mais ricos ajudaria a estimular o investimento e o crescimento de amanhã. Aplicada aos territórios, a teoria do escoamento permite justificar o conceito impreciso de metropolização, ou seja, do *laissez-faire* do mercado. O que é bom para as metrópoles aburguesadas será igualmente bom, por escoamento, para os territórios da França periférica, incluindo os territórios rurais. A ideia é simples. As desigualdades sociais e territoriais existem, mas são apenas temporárias. Por fim, a retórica do "primeiro da fila" completa o argumento. O raciocínio é idêntico: o sucesso do primeiro da fila (classes superiores) beneficia os mais modestos (classes populares). Esse remendo *a posteriori* dá a ilusão de gestão das evoluções econômicas e territoriais.

Essa teoria do escoamento é não somente sedutora como também parcialmente verdadeira. Parcialmente. A redistribuição direta ou indireta é uma realidade, mas será suficiente para integrar o maior número? Permite reintegrar os territórios mais distantes das zonas de emprego mais dinâmicas? A contínua concentração de atividades e riquezas em alguns territórios e, inversamente, o processo de desertificação dos empregos nos territórios periféricos nos permitem responder que não. Da mesma maneira, se é verdade que os ricos e as categorias superiores consomem muito, favorecem a criação de empregos pouco qualificados e dinamizam a economia presencial de algumas zonas turísticas, seu

---

14. *The invisible hand of market*: expressão forjada pelo filósofo e economista escocês Adam Smith em 1755, que designa a teoria segundo a qual a ação individual dos atores econômicos contribuiria para a riqueza e o bem comuns.
15. "Automatisation, numérisation et emploi", Conseil d'orientation pour l'emploi [Conselho de orientação para o emprego], janeiro de 2017.

número (por definição reduzido) limita esses efeitos positivos a alguns territórios.

É preciso lembrar que o superconsumo das categorias superiores não é infinito. Da mesma maneira que um executivo de mais de 50 anos não comprará (se não quiser "desperdiçar a vida") mais do que um ou dois Rolex, o burguês boêmio parisiense não pode almoçar ou jantar mais do que uma vez por dia nem comprar cinquenta carros para sustentar o setor automobilístico. Na França periférica, a boa saúde da economia presencial se limita aos territórios ensolarados do sul e do oeste, que atraem o topo da pirâmide social, os executivos e os aposentados abastados. E quanto às zonas infinitamente mais numerosas que concentram as classes populares e os aposentados modestos?

Repito: a apresentação de uma França periférica e popular em face de metrópoles aburguesadas não significa que 100% dos habitantes da França periférica sejam pobres e sedentários e que, inversamente, 100% dos habitantes das metrópoles sejam ricos e móveis. Essa representação social dos territórios pretende tornar visível, a partir das dinâmicas de recomposição social dos territórios, a relegação social e cultural da antiga classe média ocidental. Na realidade, é essa visibilidade que representa um problema para a classe dominante, e não a generalização. Dá-se o mesmo com o separatismo etnocultural que, embora seja perfeitamente mensurável e mensurado,[16] é amplamente minimizado por não "essencializar", porque "é mais complicado que isso". A recusa de nomear essa realidade em nada impede a fragmentação.[17] Uma realidade que os promotores do "é mais complicado que isso" contribuíram para tornar invisível. Esses partidários da complexidade, aliás, não hesitam em caricaturar as classes populares, segundo eles intrinsecamente fechadas e racistas. Nesse caso, a generalização não apresenta nenhum problema.

---

16. Michèle Tribalat e Bernard Aubry, "Les concentrations ethniques en France: évolution 1968-2005", Espace populations sociétés, 2011, publicado on-line em 31 de dezembro de 2013, http://journals.openedition.org/eps/4663.

17. Ou a "partição", segundo François Hollande em *Un président ne devrait pas dire ça...*, Gérard Davet e Fabrice Lhomme, *op. cit.*

O MUNDO DAS PERIFERIAS EMERGIU
(Repartição das classes populares e dinâmica de emprego)

Pela primeira vez na história, as classes populares, que constituíam a base da classe média ocidental, vivem longe dos territórios que criam empregos. Em todos os países ocidentais, é nesses territórios periféricos e majoritários que a dinâmica populista ganha força. (Ver a seção final do livro: "Sobre os mapas (infográficos) do encarte".)

FRANÇA: A baixa criação de empregos nos territórios da França periférica: cidades pequenas e maioria das cidades médias e setores rurais.

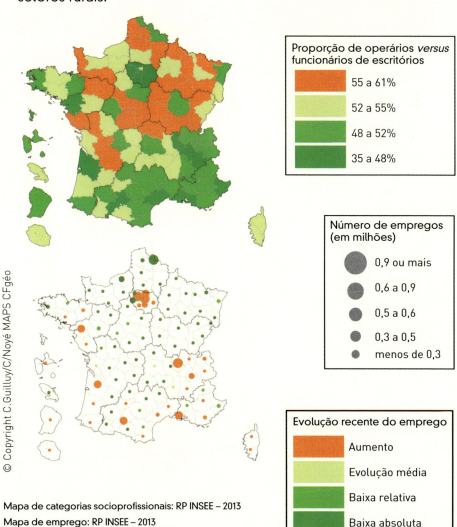

Mapa de categorias socioprofissionais: RP INSEE – 2013
Mapa de emprego: RP INSEE – 2013
Fundos de mapa © IGN Géofla – 2013

ALEMANHA: Em média, os territórios populares, especialmente no leste, e os territórios mais distantes das grandes cidades registram as taxas mais baixas de criação de empregos.

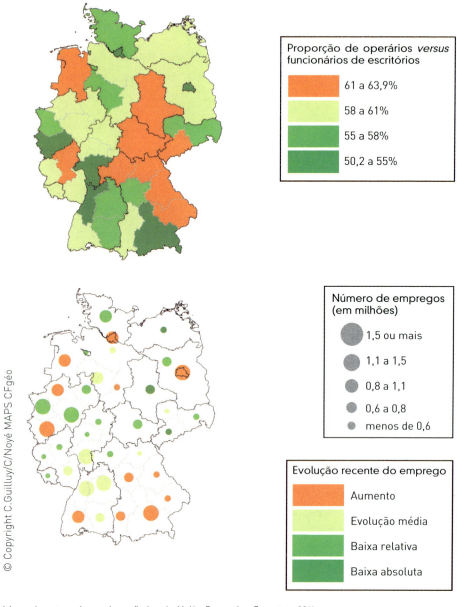

Mapa de categorias socioprofissionais: União Europeia – Eurostat – 2011
Mapa de emprego: União Europeia – Eurostat – 2011
Fundos de mapa © União Europeia – Eurostat – 2011

GRÃ-BRETANHA: Concentração da criação de empregos na Grande Londres e super-representação das classes populares nas regiões menos dinâmicas.

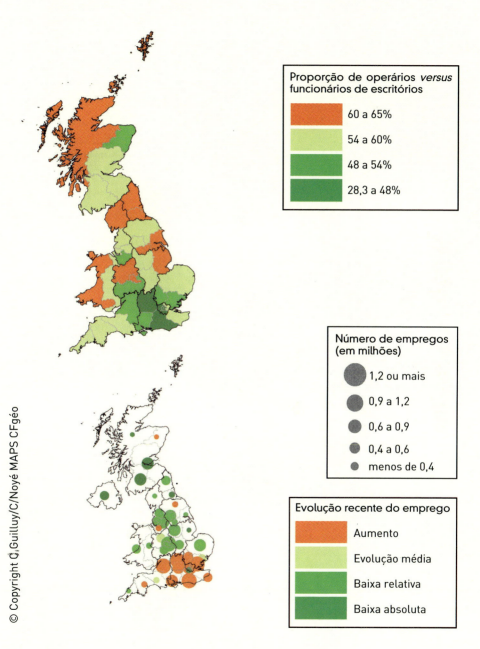

Mapa de categorias socioprofissionais: União Europeia – Eurostat – 2011
Mapa de emprego: União Europeia - Eurostat – 2011
Fundos de mapa © União Europeia - Eurostat – 2011

ESTADOS UNIDOS: A baixa criação de empregos nos territórios em que se concentram operários e funcionários administrativos, notadamente no Cinturão da Ferrugem, nos estados do sul e, de modo geral, nos territórios mais distantes das grandes cidades.

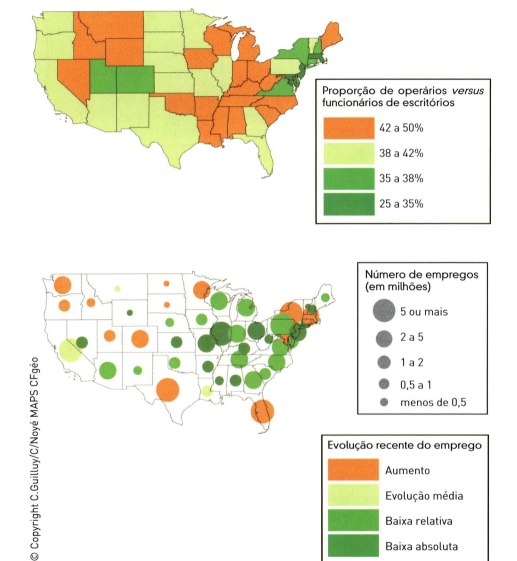

Mapa de categorias socioprofissionais: Departamento do Censo dos Estados Unidos – 2015
Mapa de emprego: Departamento do Censo dos Estados Unidos – 2016
Fundos de mapa © Departamento do Censo dos Estados Unidos – 2015

Como o antifascista de araque, o "é mais complicado que isso" revela a aridez de ideias do mundo de cima. É difícil imaginar um "povo" mais fechado e mais temeroso do que as classes dominantes e superiores. Quando constatam o medo ou o isolamento das classes populares, elas consultam especialistas. Têm medo da contestação popular, é claro, mas também de ver o que vemos, de sair do casulo de uma doxa desconectada da realidade. A técnica de ostracização e fascistização das classes populares se volta inexoravelmente contra os que a elaboraram.

No mundo político, midiático e cultural, impõe-se a *omertà*. É preciso dizer que o risco de ostracização, isolamento, decadência social e perda de status ou de renda é real. Em todos esses meios, o princípio do *on* e *off* se tornou a regra de circulação de ideias. Nenhum setor foi poupado. Em toda parte, no mundo de cima, o medo reina supremo.

Sobre a questão da organização do território, e embora a maioria dos políticos eleitos de esquerda e de direita constate um impasse, são raros os que questionam a ideologia da metropolização[18] e as representações sociais dominantes.[19] Entre medo e sofrimento, entre condescendência e desprezo de classe, o confinamento do mundo de cima, seu panurgismo, seu gregarismo e seu extremismo conduzem a uma forma de aridez das ideias e anunciam o fim de sua hegemonia cultural.

A fuga de Varennes ou as novas cidades-estados

Anunciada na década de 1990 por Christopher Lasch, a secessão das elites assume hoje a forma de uma deserção maciça, de um isolamento que não diz respeito somente a um punhado de ricos, mas à maioria das classes dominantes e superiores. A guetização da parte superior das sociedades ocidentais, iniciada na década de 1980,[20] acelerou-se e deu nascimento às novas cidadelas onde se concentra o mundo de cima (em Paris, os executivos

---

18. Expressão do geógrafo Gérard-François Dumont.
19. Por medo de serem taxados de populistas, eles destacam prudentemente a fragmentação da classe média, jamais seu desaparecimento.
20. Christophe Guilluy, *Atlas des fractures françaises*, op. cit.

e profissionais intelectuais passaram de 24,7% da população ativa em 1982 para 46,4% em 2013).[21] Esse processo se reforça ao ritmo da concentração de riquezas, empregos e patrimônio nas metrópoles. Na França, desde o início da década de 2000, o crescimento do emprego, que se difundia até então por todo o território, se concentra em uma dúzia de metrópoles, entre as quais Paris, Bordeaux, Nantes, Rennes, Toulouse, Montpellier, Lille, Lyon, Grenoble e Marselha. Em 2017, essas áreas urbanas com mais de 500 mil habitantes e que concentram 46% dos empregos[22] geraram três quartos do crescimento francês entre 2000 e 2010.

Aninhada atrás desses muros, a nova burguesia, que promoveu incessantemente o viver em conjunto, separou-se do mundo de baixo. Do outro lado dos muros, nasceu um novo mundo, o mundo das periferias populares, dos territórios atingidos pela queda ou estagnação do emprego. Pela primeira vez, as classes populares já não vivem lá onde se criam empregos e riquezas. Dois mundos cada vez mais social e culturalmente herméticos emergiram; eles não formam uma sociedade.

Embora as cidadelas-metrópoles tolerem cada vez menos a diversidade social,[23] elas são tentadas, sobretudo, pela independência. Conscientes de terem perdido a guerra ideológica, as classes superiores aceleram o recuo estratégico para seus bastiões, assumindo sua secessão, e por vezes exigem independência, como foi o caso em Londres (manifestações pós-Brexit) e na Califórnia (manifestação pós-eleição de Donald Trump). Elas não tentam mais convencer ou criar sociedades, mas salvar os móveis.

---

21. De 15% a 32,6% em Lyon, de 14,7% a 30,9% em Toulouse e de 14,7% a 27,6% em Nantes. Em 2011, 85% dos engenheiros da área de informática, 75% dos profissionais de informação e comunicação e 69% do pessoal de pesquisa se concentravam nas dez primeiras áreas urbanas (France Stratégie, novembro de 2017).
22. "Dynamique de l'emploi dans les métropoles et les territoires avoisinants", France Stratégie, novembro de 2017.
23. Sob o pretexto de preservar a "vida em conjunto" e frear a gentrificação, Barcelona, por exemplo, persegue turistas (de massa, não das elites) e pessoas de Bordeaux perseguem parisienses. E "Paris, a cidade aberta" hoje implora ao Estado para regular o fluxo de migrantes. Em maio de 2018, Gérard Collomb, ministro do Interior, destacou que "40% dos pedidos de asilo na França eram para Île-de-France, mas Paris só oferecia 2% dos locais de acolhimento para solicitantes de asilo. E, durante as evacuações anteriores, os migrantes foram evacuados para a periferia parisiense ou para os departamentos", *Le Parisien*, 23 de maio de 2018.

Após a secessão, iniciou-se a fuga de Varennes do mundo de cima. Como Luís XVI e Maria Antonieta, as burguesias tentam se esconder em seus locais de resistência, com a esperança de, um dia, reiniciar o ataque ideológico. As veleidades de independência que percorrem o mundo de cima finalizaram o processo de secessão que se iniciou há quarenta anos. Tendo abandonado a ideia de criar sociedades, as classes superiores tentam, logicamente, sair da estrutura social, sonhando com a criação de cidades-estados. O contexto lhes é favorável.

Como em Atenas ou Cartago na Antiguidade, ou em Florença durante a Renascença, as metrópoles e as classes superiores ocidentais concentram hoje todos os poderes econômicos, financeiros e políticos. Ao se desengajarem da estrutura nacional, as cidades e regiões ricas poderiam tranquilamente se libertar dos territórios e das categorias considerados fardos sociais, em uma situação que, ao mesmo tempo, afastaria qualquer risco de reviravolta política. O lembrete da importância da redistribuição das metrópoles na direção dos territórios rurais ou das pequenas cidades contribui para impor a ideia de um mundo de cima pressionado por um mundo de baixo improdutivo.

Esse discurso mascara (mal) a vontade dos ganhadores da globalização de se libertarem de qualquer solidariedade nacional ao abandonarem à própria sorte as categorias e territórios que não têm lugar nessa globalização. A secessão das burguesias e a desnacionalização tranquila que a acompanha criam as condições para uma mudança secessionista nos territórios mais favorecidos. Promotoras da abolição das fronteiras, as classes superiores se veem hoje tentadas pela fronteira que poderia delimitar e proteger suas ricas fortificações.

Uma constatação surpreendente é que as metrópoles ganham poder em um momento em que os Estados-nação estão ficando para trás. A multiplicação de organizações transnacionais, como, por exemplo, a Cidades e Governos Locais Unidos,[24] se inscreve nessa lógica de secessão e

---

24. "United Cities and Local Governments": essa organização foi fundada em 2004 em Barcelona. Reunindo cidades, governos locais e regionais e associações, estimo que seja a maior organização de governos infranacionais do mundo.

concentração de poderes, em uma estrutura institucional. Do século XIX a meados do século XX, com as classes dominantes (políticas, culturais ou econômicas) ainda inscritas na estrutura nacional, o Estado de bem--estar social ganhou força. O mesmo que se desvanece hoje por causa da desnacionalização. É nesse contexto que se constrói pouco a pouco o sonho de independência dos territórios ricos.[25]

Enquanto esperamos pela criação do "principado de Paris",[26] da cidade-estado de Londres ou do ducado da Califórnia, as pressões independentistas são perceptíveis em numerosas regiões ricas. Embora a independência fiscal e a vontade de se livrar de qualquer solidariedade nacional raramente sejam destacadas pelos secessionistas (os independentes da região-metrópole catalã estão mais dispostos a falar de resistência ao fascismo do Estado espanhol),[27] o que as metrópoles globalizadas querem é se livrar dos territórios nos quais se concentra a maior parte das classes populares.

Essas veleidades de independência não ocorrem por acaso, mas no momento mesmo em que as metrópoles finalizam o processo de gentrificação e só precisam gerir uma fração minoritária das classes populares, as que ainda vivem nos bairros de habitação social das grandes áreas urbanas. É a presença dessas categorias populares e imigrantes que permite que os inquilinos da globalização apresentem esses territórios como espaços abertos ao mundo e aos outros, ao passo que o gregarismo e o "entre nós" não param de se reforçar. Essa comunicação permite vestir a secessão com as ricas virtudes da abertura.

Se ocorrer, a independência das novas cidadelas assumirá a forma de resistência ao fascismo (da Espanha, na Catalunha) ou ao populismo (de Trump, na Califórnia). A nova burguesia proporá então a criação de cidades-estados em nome do Bem e da abertura, o que lhe permitirá se afastar definitivamente da plebe. O deslocamento, ora em curso, dos

---

25. Laurent Davezies, *Le Nouvel Égoïsme territorial. Le grand malaise des nations*, Le Seuil, 2015.
26. Laurent Chalard, "Pourquoi les JO devraient être l'occasion de supprimer la municipalité de Paris", Atlantico.fr, 14 de setembro de 2017.
27. "'Catalogne espagnole' ou 'No pasarán': le référendum divise aussi Madrid", *Le Point*, 1º de outubro de 2017.

Estados-nação causado pela criação de entidades supranacionais cria um contexto político favorável à secessão territorial das burguesias. Os movimentos independentistas frequentemente mascaram um processo de secessão social e cultural que visa, na realidade, a desmantelar as solidariedades nacionais e validar o modelo territorial desigualitário da globalização. Mais do que um renascimento do nacionalismo, é, acima de tudo, a secessão das burguesias que carrega a semente da balcanização dos países desenvolvidos.

Nesse sentido, a região-metrópole catalã é exemplar. A Catalunha é uma região rica, muito rica (20% do PIB espanhol para 15% da população). Integrada à economia globalizada, ela se estrutura em torno de sua metrópole, Barcelona, que concentra perto da metade da população catalã. Em um país fragilizado por um modelo econômico globalizado e que vê sua classe média desaparecer, ela é uma exceção. Apresentado como irredentismo cultural, o separatismo dos catalães revela, principalmente, uma reação das regiões ricas à crise econômica e ao colapso das classes médias espanholas.

Embora a geografia eleitoral catalã faça surgir às margens um voto nacionalista de direita na Catalunha periférica das pequenas cidades e territórios rurais, a dinâmica independentista é, em primeiro lugar, fruto de uma região-metrópole movida por forças liberais e progressistas. Esse voto nacionalista é característico de regiões ricas (como a Escócia ou Flandres) que desejam preservar sua posição dominante ao se livrar de qualquer solidariedade nacional. É impulsionado fundamentalmente por uma ideologia libertária característica das novas burguesias. Assim, os nacionalistas catalães foram apoiados pela parte da burguesia catalã que desejava reforçar sua posição através da independência fiscal, mas também por uma juventude de esquerda ou extrema-esquerda que representava os valores libertários, com os dois grupos endossando o processo de globalização e de abertura ao mundo e aos outros. As forças que sustentam o nacionalismo catalão são aquelas que encontramos nos territórios ganhadores da globalização, baseadas na aliança ideológica entre o liberalismo econômico e o liberalismo social. Sob o verniz socialista, encontramos os fundamentos ideológicos das classes dominantes e da nova burguesia. Também aqui, o antifascismo é utilizado como arma de classe.

Aqui, as classes dominantes utilizam um sentimento nacionalista real para impor um modelo neoliberal que, *in fine*, prejudicará as classes populares na Espanha, mas também na Catalunha, onde a concentração de riquezas e empregos em Barcelona ocorre em detrimento das classes populares. Nas regiões ricas, os movimentos independentistas são somente o disfarce da secessão de burguesias que tentam se retirar das estruturas nacionais (onde se exerce a solidariedade) e se unir às estruturas supranacionais (onde se exerce a lei de mercado). O exemplo catalão ilustra a inquietação de uma burguesia disposta a tudo para abandonar o bem comum. Consciente desse risco, o Estado espanhol, já superendividado, interromperá imediatamente o processo.[28]

Talvez pressentindo o mesmo destino trágico do rei Luís XVI, as classes dominantes e superiores ocidentais, enquanto esperam pela hipotética criação de cidades-estados, desmantelam discretamente o Estado de bem-estar social, defendendo sua retaguarda. Prudente, o criador do Facebook, Marc Zuckerberg, comprou em 2014 uma "zona autônoma durável" no arquipélago do Havaí...[29] certamente um bastião mais seguro que Varennes.

---

28. Na França, o impulso dos votos nacionalistas na Catalunha e na Córsega foi analisado como crescimento inexorável dos regionalismos na era da globalização. Se a vontade dos eleitores de se livrar dos antigos partidos é comum às duas regiões, as razões para esses votos revelam duas realidades sociais, geográficas e culturais opostas. Contrariamente à Catalunha, a Córsega é uma região pobre, que não possui metrópoles e apresenta as mesmas características dos territórios da França periférica. Distante das zonas de emprego mais ativas e integradas à economia global, a Córsega se distingue por sua fragilidade econômica e social. Embora tanto a Catalunha metropolitana quanto a Córsega periférica registrem um impulso nacionalista, as razões são diametralmente opostas. O processo independentista catalão fala, sobretudo, da secessão das elites e do apoio das burguesias ao modelo mundial globalizado, ao passo que o impulso nacionalista corso se inscreve em uma vontade das elites de responder à insegurança social e cultural das classes populares.
29. Em 2014, Marc Zuckerberg comprou 144 hectares na ilha de Kauai, no arquipélago do Havaí, por 66 milhões de dólares: *Le Point*, 3 de outubro de 2014.

5.

O abandono do bem comum

O abandono do bem comum acompanha fatalmente o processo de secessão do mundo de cima. Não podendo assumir politicamente essa demissão, especialmente o desmantelamento de um Estado de bem-estar social caro demais, as classes dominantes criaram as condições de sua impotência para regular e proteger. Isso envolve uma dependência aguda do sistema bancário e das regras supranacionais do modelo globalizado. Pouco a pouco, as margens de manobra dos poderes públicos e políticos se reduzem. Esse enfraquecimento progressivo da governança política e social permite justificar a fuga para a frente econômica e social promovida pelas classes dominantes agora não responsáveis.

Criar as condições para a impotência dos poderes públicos

Há décadas, a classe dominante deplora incessantemente as consequências de um modelo econômico e social que promoveu com constância. Ela endossa, por exemplo, um modelo fundado sobre a divisão internacional do trabalho que condena as classes populares ocidentais, mas finge deplorar a explosão do desemprego e da precariedade. Ela entrega sua soberania monetária[1] à Comissão Europeia e aos mercados financeiros,

---
1. "Après la perte de la souveraineté monétaire, la perte de la souveraineté budgétaire", intervenção de Jean-Pierre Chevènement, 14 de junho de 2011.

mas se inquieta com a explosão do endividamento e com a dependência dos bancos demonstrada pelos Estados.

Embora os efeitos da "lei de 1973"[2] sejam motivo de debate (entre liberais e antiliberais de esquerda e de direita), e evidentemente não seja a única causa da disparada do endividamento francês (os empréstimos estatais já existiam antes de 1973), ela contribuiu para criar as condições para o aumento da dependência dos mercados financeiros. Essa lei, inspirada na Reserva Federal dos Estados Unidos, impede o Banco Central de fazer adiantamentos ao Tesouro francês, ou seja, de emprestar dinheiro ao Estado a uma taxa equivalente a zero. Obrigado a financiar seu endividamento através de empréstimos em bancos privados, o Estado perdeu parte essencial de sua soberania. Esse mecanismo, operante em todos os países desenvolvidos, permitiu que a indústria financeira assumisse o controle não só da economia, mas também do mundo político. O resto é conhecido. A dependência da indústria financeira mergulhou os Estados na espiral da dívida ao justificar a necessidade de corte nas despesas públicas e, no fim, o desmantelamento do Estado de bem-estar social. Protegido por sua impotência, o rebelde François Hollande pôde declarar sem riscos que "Meu inimigo são as finanças"[3] e sugerir uma hipotética retomada política dos bancos (a famosa promessa de separação entre bancos de depósito e bancos de investimento), pois sabia que essa proposta transgressiva jamais seria implementada.

Seguindo a mesma lógica, a classe política organiza uma integração europeia radical, implementa a moeda única e, *in fine*, pode explicar tranquilamente que é a camisa de força das diretivas europeias que reduz suas margens de manobra. Mas nem a União Europeia nem as organizações supranacionais caíram do céu. Embora a classe política tenha negado com veemência sua responsabilidade por "Bruxelas", o fato é que essas estruturas são produto da vontade das classes dirigentes, cujo objetivo é se libertar das realidades sociais e nacionais.

---

2. A lei n. 73-7 de 3 de janeiro de 1973 modificou o estatuto do Banco da França e especificou as condições que autorizavam o Estado a contrair empréstimos nesse banco.
3. Discurso de Bourget, 22 de janeiro de 2012.

No nível social, vê-se a mesma postura, a mesma deploração de uma situação criada por aqueles que a deploram. Eles se inquietam com o aumento das tensões identitárias e a "partição"[4] dos territórios, mas contribuíram durante cinquenta anos para a intensificação dos fluxos migratórios. Fluxos que, como explicam, não podem gerenciar por causa da camisa de força de diretivas europeias que, todavia, reforçam todos os dias. A mesma encenação ocorre em relação à questão do envelhecimento da população: eles ficam desolados com essa demografia em baixa, mas, ao mesmo tempo, recusam-se a implementar políticas de incentivo à natalidade.

A classe dirigente organiza sua impotência para regular, e então a lamenta. Essas posturas mascaram o essencial: o abandono das classes populares e médias, do bem comum e da própria sociedade. Como resumiu Noam Chomsky,[5] "nunca houve na História uma organização que tenha enfrentado a destruição de toda vida humana organizada".

Na mira: o Estado de bem-estar social. Recebendo demais, as categorias populares e médias agora são protegidas demais. Recusando-se a assumir o desmantelamento do Estado de bem-estar social, as classes dominantes citam as diretivas europeias, o peso da dívida ou o envelhecimento da população para justificar uma gestão de "bom pai de família".

Assim, e ao passo que a relegação geográfica e econômica das novas classes populares faz dispararem as demandas sociais, o recuo do Estado é apresentado como inelutável. Em todo o Ocidente, trabalha-se segundo o mesmo roteiro de redução da redistribuição e de serviços públicos hoje caros demais. Nesse grande movimento de abandono do bem comum, as classes dirigentes podem se apoiar na emergência de sociedades multiculturais que erodem, especialmente nos meios populares (os primeiros destinatários das políticas públicas), o apoio às políticas sociais.

O desmantelamento da proteção social está em curso e deve se realizar sem revolta, em nome do Bem. Para atingir esse objetivo, a classe domi-

---

4. Ver nota 2, p. 52.
5. Noam Chomsky, *Requiem pour le rêve américain*, "Climats", Flammarion, 2017 [*Réquiem para o sonho americano*. Rio de Janeiro: Bertrand Brasil, 2017].

nante joga com a racionalidade econômica e contábil, mas igualmente com o registro social e cultural. A classe dirigente justifica habilmente esse objetivo ao destacar a necessidade de concentrar as políticas públicas nas populações em situação mais precária. Em nome da eficácia social, concentram-se os recursos nos mais pobres, ao mesmo tempo reduzindo a cobertura social. Essa estratégia só cria perdedores, pois o Estado se mostra incapaz de responder às necessidades da maioria das classes populares e é bloqueado em sua abordagem da pobreza.[6]

O desmantelamento tranquilo: o exemplo do modelo territorial

Aos olhos dos mercados, o nível de proteção social na França parece um anacronismo. Enquanto a maior parte dos países europeus já reformou e/ou abandonou seu modelo social, as despesas públicas francesas ainda representam 56% do PIB. Essa situação não pode durar.

A ligação visceral dos franceses aos serviços públicos e, de modo mais geral, ao Estado de bem-estar social[7] freou a "reforma" (nome dado ao longo processo de desengajamento do Estado), uma situação cada vez menos sustentável para um país que aceitou todas as regras do modelo globalizado. Mas a normalização está em curso. O desmantelamento do modelo territorial francês é um bom exemplo.

Há anos, a ênfase em uma organização territorial cara demais (a famosa "mil-folhas") justifica, tranquilamente e em nome da eficácia econômica, a globalização, em detrimento das comunas e dos departamentos. Nesse contexto de recentralização invisível, os representantes da França periférica veem suas margens de manobra (econômicas e sociais) se reduzirem como a pele de onagro.

O ex-ministro do Interior Jean-Pierre Chevènement fala com clareza sobre a reforma territorial: "O paradigma republicano repousava sobre a

---

6. "La faillite de l'État en Seine-Saint-Denis", *Le Monde*, 3 de junho de 2018.
7. "70% des Français se disent attachés aux services publics de proximité et autant sont opposés à leur transfert vers le secteur privé", Ifop para a Mutuelle Nationale Territoriale [Mutualidade Nacional Territorial], fevereiro de 2017.

comuna, o departamento e a nação. Esse tríptico foi abandonado. Outro paradigma surgiu na mente daqueles que querem reformas descontroladas da organização territorial do país: o novo paradigma reúne grandes e rígidas estruturas intercomunais, regiões amplas e frequentemente artificiais e uma Europa cujas fronteiras não conhecemos."[8] Ele evoca o movimento de desnacionalização que, logicamente, leva ao abandono do bem comum.

Ele também indica as consequências negativas da criação de grandes regiões e denuncia as novas estruturas intercomunais (com um limite mínimo fixado em 15 mil habitantes), cada vez menos apoiadas pelos representantes locais e cada vez mais por prefeitos pouco preocupados com eles.

O resultado é o abandono programado da comuna e do departamento, ou seja, das estruturas que asseguram a coesão nacional e o princípio da solidariedade. Aliás, o processo de fragilização econômica e social das pequenas e médias cidades e das zonas rurais não é acidental. Ao suprimir os instrumentos de coesão social e territorial, a classe dominante impede a emergência de um modelo econômico alternativo nesses territórios. Jean-Pierre Chevènement fez uma constatação amarga a esse respeito. Ele lembrou que "as antigas regiões industriais do norte e do nordeste perderam muitas de suas empresas. Elas apresentam grande número de desempregados e, frequentemente, viram a desertificação da área central de suas cidades" e "nenhuma política de Estado foi criada para remediar essa situação".

Poderíamos acrescentar a essa constatação a situação de grande parte dos territórios rurais e das cidades pequenas, cada vez menos assistidos por serviços públicos e que, apesar dos alertas dos representantes locais, parecem ter entrado em uma espiral depressiva. Ao abandonar a estrutura da comuna e do departamento, as classes dominantes minam pouco a pouco as bases da democracia local, em benefício de cidadelas-metrópoles cada vez mais autônomas.

---

8. *Gazette des communes*, 1º de dezembro de 2017.

A fuga para a frente econômica

Na era da a-sociedade, o destino das classes populares já não é computado. É preciso continuar a pedalar, a avançar, pouco importando as desigualdades, o desaparecimento da classe média, o bem comum ou as gerações futuras.

O aumento exponencial do endividamento é um bom indicador da irresponsabilidade das classes dominantes. Em 2008, ano do colapso financeiro mundial, o endividamento global era avaliado em 142 trilhões de dólares. Após essa crise, os dirigentes ocidentais exibiram a determinação de regular os mercados, lutar contra os paraísos fiscais e iniciar, enfim, o processo de redução da dívida. Dez anos mais tarde, o FMI[9] estima que a dívida mundial chegou a 164 trilhões de dólares, ou seja, 225% do PIB global! Viciada na dívida e na impressão de papel-moeda, a classe dominante espera salvar seu modelo e suas posições através do crescimento infinito de um mercado financeiro que há muito tempo já não tem ligação com a economia real. A dívida, assim, compensa artificialmente a queda na criação de empregos.

Mas esse endividamento não é virtual e já pesa sobre povos e gerações futuros, que deverão pagá-lo. Essa fuga para a frente, esse sistema de refinanciamento contínuo, ilustra perfeitamente o espírito de uma classe dominante para a qual o futuro das classes populares e médias não é uma preocupação. Nos Estados Unidos, a dívida está fora de controle, chegando a níveis estratosféricos. Em 2017, o endividamento global ultrapassou os 100% do PIB, chegando a 20 trilhões de dólares. É o caso também da França, onde a dívida pública chega a 2,2 trilhões.

O mecanismo é ainda mais perverso porque, em caso de crise do sistema bancário, são os Estados que saem em socorro das instituições financeiras. A submissão à indústria financeira e a adaptação das economias às regras da economia global resultam na necessidade de reduzir e adaptar a proteção social a normas sociais globalizadas. Da reforma do código trabalhista à queda do valor das aposentadorias e das doações para

---
9. "Le FMI alerte sur le niveau record de la dette mondiale", *La Tribune*, 18 de abril de 2018.

as coletividades, passando pelo enxugamento do Estado de bem-estar social, as reformas visam a responder às exigências de nossos credores.

A maior parte dos países ocidentais enfrenta a mesma situação. Por toda parte, as classes dirigentes estão engajadas em uma fuga para a frente que visa a sustentar artificialmente o crescimento sem tratar da questão de fundo, a integração econômica da antiga classe média ocidental. E, todavia, a precarização dessas categorias, que leva à estagnação da criação de riquezas e do consumo, é uma das principais causas da crise sistêmica. Há anos, os Estados emprestam somas que jamais poderão pagar. Esse sistema é suicida, mas, no curto prazo, cria a ilusão de um modelo gerenciado por atores responsáveis. A realidade é que, hoje, a classe dominante procura menos preservar a sociedade do que ganhar tempo.[10]

O aumento da transferência de patrimônio público para a esfera privada é outro indicador dessa fuga para a frente. Desde 1980, o patrimônio privado aumentou continuamente em detrimento do patrimônio público.[11] Por toda parte, os Estados privatizam e empobrecem, como nos Estados Unidos, no Reino Unido, na Alemanha, no Japão e mesmo na França[12] (com as únicas exceções sendo os países ricos em petróleo que possuem fundos soberanos significativos, como a Noruega). O economista Thomas Piketty mostra que, desde a década de 1980, parte importante do patrimônio público foi transferida para a esfera privada, em um processo que contribui para pouco a pouco acentuar as desigualdades.[13] No fim, essa tendência mundial reduzirá as margens de manobra de todos os Estados.

Esse processo é reforçado pela queda na taxação dos mais ricos. Nessa matéria, é o modelo americano que fornece a direção a seguir: estima-se que os 0,1% mais ricos sejam taxados em somente cerca de 12% (contra

---

10. Inclusive ao recusar ou retardar a aplicação dos resultados das urnas (do referendo europeu de 2005 às eleições italianas de 2018, passando pelo Brexit).
11. "L'inquiétant déclin de la richesse publique", *Le Monde*, 14 de dezembro de 2017.
12. No seio da qual a privatização de aeroportos, rodovias, ferrovias e distribuição de água prossegue tranquilamente.
13. T. Piketty, F. Alvaredo, L. Chancel, E. Saez e G. Zucman, *Rapport sur les inégalités mondiales, op. cit.*

30% na classe média); um processo similar acompanha a política fiscal empresarial, graças à qual as grandes empresas podem minimizar seus impostos ao transferir sua sede.

A fuga para a frente social

É com a mesma superficialidade e o mesmo cinismo que a classe dominante aborda a questão cultural. Para ela, o futuro tampouco existe nesse domínio. A recusa em levar em conta as consequências do modelo multicultural e o impacto dos fluxos migratórios revelam um mundo de cima totalmente indiferente ao destino das classes populares.

Em todo o mundo, as pesquisas de opinião[14] mostram não uma recusa do "Outro", mas o aumento da ansiedade diante de uma onda migratória que desestabiliza a sociedade popular. Com efeito, é nos meios populares, e não no mundo de cima, que ocorre ou não a integração dos recém-chegados. A perícia dos meios modestos em matéria de imigração e relação com o Outro é insuperável. A experiência, a sutileza e a calma com as quais geriram as diferentes ondas migratórias deveriam legitimar naturalmente seu diagnóstico. Mas ocorre exatamente o inverso.

Fechada em uma postura de superioridade moral, a classe dominante ignorou todos os diagnósticos do mundo de baixo. Em matéria de imigração ou multiculturalismo, ela buscou a perícia de um mundo midiático-acadêmico (mais frequentemente) saído do mundo de cima e (sempre) portador de um profundo desprezo de classe. Esses autoproclamados especialistas e pesquisadores adeptos do modelo dominante construíram representações caricaturais dos meios populares, que estariam prontos para reativar as horas sombrias da História. Essas representações triviais foram impostas, sem qualquer base e incapazes de levar em conta a realidade da instabilidade demográfica e da insegurança cultural que a imigração e o multiculturalismo geram nos meios populares.

---

14. "L'attitude à l'égard de l'immigration et la crise des réfugiés dans le monde", Ipsos Global Advisor, setembro de 2017.

Em todos os países ocidentais, a visão irênica de um multiculturalismo a 5 mil ou 10 mil euros por mês teve precedência sobre a realidade do multiculturalismo a mil euros por mês.

Confortada por "especialistas" para os quais as classes populares são intercambiáveis, sem cultura nem passado, a classe dominante se atém a uma representação técnica da imigração na qual o destino cultural tanto dos autóctones quanto dos imigrantes não tem nenhuma importância.

Mas o diagnóstico é simples: os mais modestos, os que não têm poder nem redes, não podem arcar com a economia de preservação de um capital social e cultural protetor. Eles não querem se tornar minoritários para não precisarem depender da benevolência de uma maioria. Lembremos, mais uma vez, que esse sentimento não é somente dos "brancos", mas de todas as categorias populares. Essa ansiedade é acentuada pela sensação de que a intensificação dos fluxos colocará em causa as conquistas sociais mais modestas. O desenvolvimento de políticas sociais para os mais pobres tende a agravar esse temor.

Se a imigração permite responder a certas necessidades do grande patronato ao assegurar a pressão por queda dos salários, ela também permite justificar a redução da cobertura da assistência pública ao promover políticas de seleção. Ao inflar o número de pobres e/ou desempregados, a pressão migratória reforça, na opinião pública, a ideia de captação da assistência pública pela imigração. Assim, leva à paradoxal deslegitimação do Estado de bem-estar social[15] aos olhos dos mais modestos.

Nesse sentido, a evolução das habitações sociais na França é exemplar. Historicamente destinadas a abrigar uma fração majoritária das categorias modestas e médias, elas tendem a evoluir para políticas de seleção entre os domicílios mais pobres, frequentemente de imigrantes. Essa evolução é tão perceptível para a opinião pública que, hoje, qualquer projeto de habitação social suscita oposição, mesmo entre categorias modestas que precisam muito dele.

---

15. Na França, a "política [de renovação] da cidade" é percebida pela opinião pública como redistribuição que beneficia as populações imigrantes.

Desse modo, a lei de "igualdade e cidadania" (LEC) de 7 de janeiro de 2017 reforça a vocação "extremamente social" da habitação social, especialmente impondo limitantes obrigações de miscigenação social aos equilíbrios territoriais. Até o presente, somente a cota do Estado era mobilizada para as atribuições aos públicos prioritários, representando 25% das habitações. A LEC impõe aos outros participantes, ou seja, comunas, Action Logement (associação francesa de habitação social) e financiadores, a destinação de 25% de suas alocações aos públicos prioritários. Em razão disso, a parte destinada a esses públicos passou de 25% para 42%. Trata-se de um movimento muito forte de especialização da habitação social "em sua vocação extremamente social" e, provavelmente, o fim da habitação social "generalista", à francesa, que conhecemos hoje. Essa evolução lembra a da habitação social britânica nas décadas de 1980 e 1990 e, no longo prazo, pode deslegitimar esse público político aos olhos dos mais modestos, que acham que o Estado de bem-estar social não é eficaz o bastante para eles e generoso demais com os outros.

Essas evoluções, recentes na Europa, confirmam análises realizadas por numerosos pesquisadores americanos, que observaram a desintegração do bem comum e da confiança nas sociedades multiculturais. Para Robert Putnam, professor de políticas públicas da Universidade Harvard, "a confiança não é um produto individualista, mas um ativo social construído coletivamente pelos indivíduos, no quadro das comunidades".[16] Dito de outro modo, a confiança é produzida em rede e ocorre com mais facilidade quando as pessoas se conhecem melhor. O economista americano George J. Borjas[17] chega a conclusões similares, mostrando o impacto dos fluxos migratórios sobre o aumento da desconfiança entre nativos e imigrantes. Nesse contexto, a articulação entre multiculturalismo e solidariedade social frequentemente é um desafio.

Em toda a Europa, e no contexto de intensificação dos fluxos migratórios, as políticas públicas de seleção inexoravelmente provocarão a

---

16. Robert Putnam, *Bowling Alone: The Collapse and Revival of American Community*, Simon and Schuster, 2000.
17. Professor da Universidade de Chicago; ver seu *Immigration Economics*, Harvard University Press, 2014.

contestação do modelo social por aqueles que precisam dele, para grande benefício da classe dominante.

Nos países nos quais a coesão nacional se baseava parcialmente na generosidade do modelo social, esse declínio programado do Estado de bem-estar social provoca uma crise existencial. Nesse sentido, o caso da Suécia é emblemático.

Durante muito tempo, o modelo social sueco foi considerado exemplar (alocações sociais generosas, alto nível dos serviços de saúde, excelente qualidade do sistema educacional), mas, em alguns anos, a chegada de um fluxo excepcional de imigrantes alterou significativamente o cenário. Esse choque demográfico foi revelado pela demógrafa Michèle Tribalat,[18] e os dados são esclarecedores: entre 2000 e 2016, o número de pessoas nascidas no exterior aumentou em média 80% e, em 2016, entraram no país cerca de 122 mil estrangeiros vindos de países não europeus e saíram menos de 13 mil, deixando um saldo migratório de 109 mil pessoas. Para avaliar a grandeza proporcional desse fluxo, a demógrafa esclarece que seria equivalente a um saldo de 710 mil pessoas na França. Esse aumento do fluxo é acompanhado pela mudança dos países de origem. No início dos anos 1960, dos 4% de habitantes nascidos no exterior, quase todos eram de origem europeia, sobretudo de países nórdicos, especialmente a Finlândia. Era uma imigração de vizinhança. Em 2016, a maioria dos solicitantes de imigração provinha de países distantes (Afeganistão, Irã, Iraque, Síria, Somália, Eritreia). "Esses novos países já representam o equivalente, em termos relativos, à população de origem magrebina na França. Hoje, a população de origem estrangeira de primeira e segunda gerações, na definição sueca ampliada, é sem dúvida a maior da União Europeia em termos relativos, com 30,6%,[19] contra 21,4% em 2002. Nesse período, a população de origem estrangeira aumentou em 1,1 milhão de pessoas, ao passo que a de origem sueca diminuiu em 94 mil pessoas."[20]

---

18. "Données récentes sur les migrations en Suède", www.micheletribalat.fr, agosto de 2017.
19. 17% se contabilizarmos somente a população nascida no exterior, sem a segunda geração (contra 11% na França).
20. "Données récentes sur les migrations en Suède", *op. cit.*

Embora a imigração seja maior nas grandes cidades, ela também se difunde pelos outros territórios. "Nas comunas com ao menos 200 mil habitantes, a proporção da população de origem estrangeira (os imigrantes e a geração nascida na Suécia com ao menos um dos pais nascido no exterior) passou de 34,4% em 2002 para 44,3% em 2016, e chegou a 10,8% e 19,2% nas comunas menores." Vemos, com efeito, uma dispersão pelas pequenas cidades, especialmente nos bairros de habitação social construídos na década de 1960 para manter as famílias suecas próximas da natureza. A proporção de pessoas nascidas no exterior aumentou mais nas pequenas do que nas grandes comunas, embora a distância relativa entre as comunas de 200 mil habitantes ou mais (Malmö, Gotemburgo e Estocolmo) e aquelas com menos de 5 mil habitantes tenha se reduzido: nas primeiras, havia em média 20,2% de pessoas nascidas no exterior em 2002, contra 5,5% nas segundas; em 2016, essas porcentagens eram de respectivamente 25,9% e 12,4%.

Essa dispersão pelos territórios da Suécia periférica, hoje sem empregos industriais e com taxas de desemprego elevadas, provoca o aumento da demanda social[21] (note-se que, na França, a dispersão dos migrantes pelos vilarejos e pequenas cidades atingidos pela desertificação do emprego produz o mesmo efeito sobre os serviços sociais dos departamentos).[22] Tanto nas pequenas quanto nas grandes cidades suecas, a imigração exerce pressão sobre o modelo social.[23]

A Suécia procurou responder a essa nova demanda construindo mais casas, aumentando o número de professores e médicos e reformando pouco a pouco os benefícios sociais. Assim, aos olhos da opinião pública, parece que a imigração desestabilizou um dos pilares da coesão nacional, seu Estado de bem-estar social. Com o aumento dos partidos populistas, a Suécia interrompeu essa onda ao fechar sua fronteira com a Dinamarca

---

21. Assar Lindbeck, o decano dos economistas suecos do Estado de bem-estar social, salienta que "enviar os recém-chegados para os bairros onde havia apartamentos vazios equivalia a enviá-los para endereços situados, por definição, em zonas de desemprego elevado", citado por Christopher Caldwell, *Une révolution sous nos yeux*, L'Artilleur, 2014.
22. "Mineurs isolés: les départements font face à l'urgence", *Le Monde*, 30 de janeiro de 2018.
23. "L'immigration modifie le modèle social suédois", *Le Monde*, 14 de junho de 2017.

e modificar sua lei de asilo, dificultando a instalação definitiva e a vinda das famílias.[24]

Como em todos os outros países ocidentais, o mal-estar identitário sueco é cada vez mais perceptível.[25] E aumenta ainda mais rapidamente porque, nesse país, a classe dirigente é sem dúvida a "campeã da negação",[26] mas também, e acima de tudo, porque a imigração é cada vez mais percebida como perigo para seu Estado de bem-estar social.

Na Suécia, como na França, na Itália ou nos Estados Unidos, *noblesse n'oblige plus* ("a nobreza já não obriga"). A fuga para a frente das classes dominantes ocidentais, inscrita em um longo processo de abandono das classes populares, conduziu ao questionamento do Estado de bem-estar social e ao abandono generalizado do bem comum. Ela é resultado de uma "cultura do egoísmo", mas também do desenvolvimento de um profundo desprezo de classe. Nesse sentido, o historiador americano Mark Lilla[27] descreveu como, "nos Estados Unidos, as noções de cidadão e bem comum foram tomadas pelo individualismo". Ele também indicou o profundo desprezo de classe da nova burguesia: "Nascido em Detroit na década de 1950, cresci em uma família na qual ninguém frequentara a universidade. Quando consegui uma bolsa para a Universidade de Michigan, conheci um esnobismo de esquerda que desprezava a classe operária e sua ligação com a família e a religião. Essa esquerda-caviar provocou em mim uma forte reação."[28] É nesse profundo desprezo que devemos buscar as causas do colapso das próprias sociedades.

---

24. "Comment la Suède a durci sa politique d'asile", *Le Monde*, 25 de maio de 2018.
25. Um mal-estar perfeitamente identificado pelo diretor Ruben Östlund, que, há dez anos, de *Involuntário* (2008) a *The Square: A arte da discórdia* (2017), filma a ansiedade da sociedade sueca, agora confrontada por tensões e paranoias identitárias.
26. Douglas Murray, *L'Étrange suicide de l'Europe*, L'Artilleur, 2018.
27. Professor da Universidade Columbia, em Nova York.
28. "Mark Lilla, poil à gratter de la gauche américaine", *Le Monde*, 2 de dezembro de 2017.

6.
O caos tranquilo ou a sociedade relativa

A ruptura entre o mundo de cima e o mundo de baixo nos mergulha no caos de uma sociedade relativa na qual a regressão social não termina em revolta ou contestação generalizada, mas na generalização de reivindicações categoriais, individuais e/ou comunitárias em que o bem comum já não é um objetivo. Embora, evidentemente, esse individualismo atinja todas as categorias sociais, ele não se generalizou com a mesma intensidade no mundo de cima e no mundo de baixo, pois, ao contrário às classes superiores, as classes populares simplesmente não possuem meios para isso.

Sua relegação geográfica e sua precarização ainda lhe impõem solidariedades limitadas. O auxílio mútuo e as solidariedades familiares ou de vizinhança ainda estão presentes na França periférica e nos subúrbios. Em um contexto de declínio do bem comum, essas solidariedades se exercem cada vez mais no quadro de um comunitarismo atenuado (o da proximidade de vizinhança, que repousa, na verdade, sobre um capital cultural comum) ou rígido (o da comunidade etnocultural). Com individualismo e gregarismo social para o mundo de cima, solidariedades limitadas e comunitarismo para o mundo de baixo, os países ocidentais entram na era das pequenas sociedades.

A sociedade relativa

Nesse modelo de minorias e maiorias relativas, a classe política já não se dirige ao todo, mas a partes do mercado. Nessa era de culturas relativas,[1] os partidos fazem marketing etnocultural. As políticas públicas são cada vez mais segmentadas, com o Estado de bem-estar social sofrendo a pressão das políticas de seleção, cada vez menos destinadas a um projeto comum. Na era das pequenas sociedades e pequenos mundos, a desnacionalização das histórias ocidentais também está no programa. O abandono do bem comum e o desaparecimento de uma classe média majoritária que personificava a história nacional abrem caminho para a multiplicação de pequenas histórias identitárias. A obliteração das histórias nacionais (a polêmica sobre as estátuas nos Estados Unidos e na França)[2] dá lugar a uma história desnacionalizada e modelada pela globalização e pela ideologia multicultural.

A história das minorias também é desnacionalizada. Por exemplo, a história específica dos negros americanos se torna pouco a pouco a dos negros franceses ou europeus, do mesmo modo que a história dos muçulmanos franceses se confunde com a dos muçulmanos britânicos. No Ocidente, a expressão minoritária se tornou a norma, uma norma mundializada.

Com quem falar? Em que língua?

O declínio do bem comum é acompanhado de um abandono fundamental, o da língua comum. O mundo de cima já não fala a mesma língua do mundo de baixo. A essa língua estranha, incompreensível e inaudível

---

1. "Não há cultura francesa, há uma cultura na França e ela é diversa", Emmanuel Macron, Lyon, fevereiro de 2017.
2. Lançada nos Estados Unidos em 2017, a questão da retirada das estátuas de soldados confederados rapidamente ecoou na França, onde a supressão das estátuas de Colbert, associado ao código negro que regia a escravidão, foi debatida. O fundador da identidade republicana, Jules Ferry, que estimava dever "civilizar as raças inferiores", também foi contestado.

para o mundo de baixo, George Orwell deu o nome de "novilíngua". Essa língua, esse vocabulário, soa para as classes populares como uma não língua, uma a-língua, a língua da a-sociedade. Um mundo de cima, um mundo de baixo: duas línguas, duas visões de mundo.

Incapaz de definir as bases de um projeto comum, a classe política se dirige às pequenas sociedades situadas sobre as linhas de fratura etnoculturais. Em um período de abandono do bem comum, de indistinção política e de alternância única, as reivindicações culturais ou comunitárias ocupam e mascaram cada vez mais o vazio do debate público.

Conscientes dessa evolução, os partidos políticos iniciaram um discreto marketing eleitoral etnocultural, ao mesmo tempo jurando de pés juntos que jamais colocariam a mão nesse vespeiro. Se a direita e a extrema-direita se dirigem principalmente aos "pequenos brancos", a esquerda etnicizou há muito seu discurso, dirigindo-se, com maior ou menor discrição, às minorias. Tudo ocorre como se o sistema de representação política tivesse se transformado em um sistema de representações culturais e, portanto, de interesses comunitários no qual os grupos só podem existir, midiática e politicamente, se apresentarem especificidades etnoculturais. Em um contexto de desfiliação política das classes populares,[3] as maiorias que emergem são cada vez mais relativas e impactadas pelo marketing etnocultural e, portanto, menos representativas.

Logicamente, aumenta a desconfiança do sistema democrático. Em 2018, um estudo da Fundação Jean-Jaurès revelou que, embora 65% dos franceses ainda confiem na honestidade das eleições, concordando com a afirmação de que "as eleições na França são organizadas de maneira suficientemente transparente e segura para evitar as fraudes e assegurar a realidade dos votos", essa porcentagem cai para 54% entre os eleitores entre 18 e 24 anos, 54% entre os funcionários de escritórios, 53% entre os operários e 45% entre os desempregados.[4]

---

3. Na França, houve recordes de abstenção durante as eleições presidenciais e legislativas de 2017.
4. Fundação Jean-Jaurès, "Le conspirationnisme dans l'opinion française", 7 de janeiro de 2018.

Mas essa desconfiança resulta igualmente da impotência dos movimentos sociais para gerar alternativas econômicas. Com efeito, e paradoxalmente, o colapso da antiga classe média não gerou nenhum processo revolucionário, nenhuma mudança radical. Essa constatação se deve à natureza da a-sociedade, que interdita a famosa aliança de classes que condiciona o sucesso desse processo.

Era uma vez uma revolução

Quantas vezes não ouvimos o famoso "Vai estourar!!!"? Há décadas se anuncia a "revolução". Como um mantra, o "Vai estourar!!!" é repetido pela imprensa, pela direita, pela esquerda, pela extrema-direita, pela extrema-esquerda. A retomada das negociações sindicais será agitada, os subúrbios vão explodir, os fascistas e/ou os esquerdistas vão tomar o poder: o trailer do grande filme revolucionário não para de ser exibido... sem data de estreia. Por enquanto, é forçoso constatar que, no século XXI, esperamos a revolução como esperaríamos Godot.

Essa constatação se deve ao fato de que, na era da a-sociedade, é muito difícil criar as condições para a revolução como era pensada nos séculos precedentes, nos quais ainda existiam ligações (inclusive conflituosas) entre as classes superiores e as populares.

A secessão das burguesias e a marronagem das classes populares criam uma situação política inédita na qual as tensões sociais e identitárias são aniquiladas pelo desengajamento das classes superiores. De fato, nenhum processo pode emergir sem engajamento de uma fração das elites ou da burguesia em favor dos mais modestos e, portanto, de sua vontade de preservar o bem comum. A crítica aos ricos não deve criar ilusões; essa crítica confortável às desigualdades é artificial, pois não integra o diagnóstico social e societal dos mais modestos. (Inteiramente) contra o capital, a pequena burguesia denuncia o 1% e as desigualdades, mas continua a apoiar todas as reformas econômicas e sociais iniciadas pela classe dominante.

Há décadas, os movimentos sociais conduzem a impasses. Esse confronto acolchoado entre o governo e os sindicatos é parte integrante do *entertainment* político-midiático. Na realidade, ele põe em cena um choque de impotências. Impotência de um Estado cujas margens de manobra diminuem incessantemente e impotência de um movimento social cada vez mais desconectado das classes populares.[5] A relegação econômica, cultural e geográfica que resultou na desfiliação política, sindical e associativa das classes populares sempre tornará essa conexão mais difícil. Os meios populares tanto da França periférica quanto dos subúrbios estão geográfica e/ou culturalmente distantes demais de movimentos conduzidos essencialmente por uma pequena burguesia protegida e/ou vivendo em metrópoles desconectadas da realidade. Assim, esse choque de impotências tem pouco impacto sobre a sociedade e o roteiro da classe dirigente.

Se não há movimentos de massa, não há revolução sem aliança de classes. Em um contexto econômico e político diferente, o fracasso relativo dos partidos grego e espanhol Syriza e Podemos se explica, acima de tudo, pela impossibilidade de uma burguesia esclarecida representar as aspirações populares.

Consciente do risco que representaria a convergência de uma fração das classes superiores e das classes populares, a classe dominante criou um cordão sanitário eficaz ao demonizar qualquer opinião que encarasse com seriedade o diagnóstico dos mais modestos. Nesse contexto, a demonização visa menos aos partidos populistas ou seu eleitorado (considerado definitivamente "perdido" aos olhos da classe dominante)[6] do que à fração das classes superiores e intelectuais que poderiam ser tentadas por essa solidariedade de classe e, desse modo, criar as condições para a mudança.

Em todo o Ocidente, a técnica de demonização das opiniões é, acima de tudo, uma advertência aos intelectuais, acadêmicos e decisores

---

5. Na França, a taxa de sindicalização é estimada entre 8% e 11% (23% na União Europeia).
6. Hervé Nathan, "Quand la gauche dit adieu aux ouvriers et employés", *Marianne*, 10 de maio de 2011.

econômicos suscetíveis a dar a mão às classes populares para questionar o modelo único. Até agora, a técnica funcionou, mas a onda populista mostra que a estratégia do medo tem limites. A eleição de Donald Trump provocou tantas reações violentas na elite globalizada não porque ele fala como um *white trash*, mas porque, ao contrário, pertence à superclasse.

Ao evocar o protecionismo ou a regulação dos fluxos migratórios, Donald Trump rompe com o consenso ideológico no interior da classe dominante. Assim, contribui para a mudança de posição de uma fração das classes superiores que asseguram a sobrevivência do sistema. O 45º presidente americano não venceu porque obteve o maior número de votos entre a *white working class*, mas porque realizou a improvável aliança entre uma fração do mundo de cima e o mundo dos Estados Unidos periféricos. A conscientização sobre as realidades populares por uma fração da elite é um risco real que pode se manifestar em qualquer momento e em qualquer país ou região.[7]

Nessa situação frágil, a classe dominante faz promessas e comunica sua capacidade de mudar, de evoluir com a ideia de que é a motriz do processo "revolucionário". Há muito tempo, o sistema integra sua própria contestação, ao financiar generosamente a rebelocracia, mas isso não é suficiente: ele deve conter também a revolução. Em 2016, o candidato Macron, descrito como representante dos bancos, do modelo liberal globalizado e dos poderosos, construiu sua ascensão sobre um programa intitulado *Revolução*.[8] É, portanto, em nome da revolução que o mundo de cima justifica a desconstrução de todos os pilares da sociedade popular e o abandono do bem comum.

Não é por acaso que o romantismo revolucionário da burguesia já não atinge as classes populares. É preciso dizer que elas internalizaram há muito a ideia de que "a revolução não é um jantar de gala, é um ato de violência",[9] do qual são frequentemente as vítimas e que, *in fine*,

---

7. Em 2017, foi por levar em consideração as aspirações sociais e identitárias que a elite nacionalista corsa venceu as eleições regionais.
8. Emmanuel Macron, *Révolution, op. cit.*
9. Mao Tsé-Tung, *Le Petit Livre Rouge*, 1966 [*O livro vermelho*. São Paulo: Martin Claret, 2002].

responde primeiro e acima de tudo às aspirações da burguesia e da classe dominante. Assim, não é tão surpreendente que o programa do candidato Macron tenha sido tão pouco ouvido pelo mundo de baixo e, ao contrário, endossado pela maioria das classes superiores. Como seus ancestrais gloriosos, os novos burgueses continuam a erguer os punhos e a querer conduzir o povo na direção da luz e do progresso, mas, hoje, esses revolucionários de salão pregam no deserto.

Noia para todos! Da sociedade relativa à sociedade paranoica

O modelo multicultural nos faz entrar na era das insatisfações individuais, comunitárias e, *in fine*, coletivas. Em um contexto de instabilidade demográfica e cultural, essa insatisfação generalizada, na qual indivíduos e comunidades acreditam não serem tão bem tratados quanto os outros, nos mergulha na paranoia, uma patologia que atinge indistintamente todos os países ocidentais.

Inerente à emergência do multiculturalismo e seu corolário, a insegurança cultural,[10] a sociedade paranoica se torna a regra. Hoje, a paranoia identitária atinge todos os indivíduos, quaisquer que sejam suas origens: as minorias, mas também as maiorias relativas. Os negros, os asiáticos, os magrebinos e os latinos, mas também os brancos. Os judeus e os muçulmanos, mas também os católicos, os protestantes e mesmo os ateus. Por toda parte, a mesma noia, a mesma insegurança cultural; por toda parte, a mesma ansiedade em face da questão de ser ou se tornar minoritário em países nos quais o bem comum já não é assegurado.

Nessa nossa sociedade relativa, que é também a sociedade das identidades relativas, as tensões culturais, étnicas ou religiosas se multiplicam ao ritmo do abandono do bem comum, da intensificação dos fluxos migratórios e da passagem do geral para o particular.

---

10. Conceito elaborado no início dos anos 2000 para analisar as razões dos movimentos populacionais (exigências de mudança de atribuição) nos bairros de habitação social (ver Christophe Guilluy, *Fractures françaises, op. cit.*, e *La France périphérique, op. cit.*).

Arma de representação e reivindicação das minorias, a vitimização se torna a regra das sociedades relativas, incluindo a população majoritária e branca. Ela gera os mesmos instrumentos de defesa do grupo através da ênfase nas supostas fobias dos grupos culturais concorrentes: fobia dos islâmicos, dos negros, dos judeus, dos católicos e, amanhã, dos "brancos".

A instabilidade demográfica participa da generalização do medo de se tornar minoritário em seu vilarejo, bairro, comuna ou região. Uma angústia que é cada vez mais perceptível nas categorias populares brancas, mas que atinge também as minorias, em função das dinâmicas locais (magrebinos e asiáticos na França, negros nos Estados Unidos). Nas sociedades multiculturais, a batalha pela hegemonia cultural ou simplesmente por um lugar para seu grupo no seio das minorias é incessante.

Nesse contexto de pane dos modelos de integração, o multiculturalismo se torna uma bomba de fragmentação que explode e se propaga aleatoriamente por todos os grupos sociais, étnicos, religiosos ou culturais. Em muitos territórios, a questão do peso demográfico dos diferentes grupos se torna central. É, com efeito, a superioridade numérica dos diferentes grupos em dado território que garante a preservação de seu capital cultural ou não. No nível dos bairros e das comunas, a guerra invisível pela aquisição do status de referência cultural já foi iniciada e se intensificará ao ritmo da desagregação dos modelos que asseguravam o sistema de valores comuns (na França, a República e seus valores laicos). Essas tensões, que alimentam o separatismo territorial, reduzem o contato entre as comunidades, mesmo em países como a França, que não reconhece origens nem religiões e onde a endogamia (especialmente religiosa) progride e os casamentos mistos recuam.[11]

Em nossas a-sociedades, a histeria comunitária resulta em reivindicações identitárias incessantes.[12] Mais do que o risco de guerra civil, é o risco de paranoia coletiva que caracteriza os países ocidentais. Na Europa, no contexto de explosão da violência, principalmente violência pessoal

---

11. Michèle Tribalat, *Assimilation, la fin du modèle français*, op. cit.
12. Da apropriação cultural ao desejo de reescrever a História, as reivindicações comunitárias, antes restritas pela partilha de um modelo comum, já não têm nenhum limite.

gratuita,[13] essa noia contribui à histerização dos debates e à paralisia dos poderes públicos, incapazes de preservar os valores comuns.

Em face desse caos tranquilo e sem alarde, a classe dominante empregará cada vez mais a chantagem sobre uma guerra civil para justificar o aumento de seu poder. O desejo de não elevar as tensões poderá, por exemplo, justificar o fim do debate público sobre todas as questões culturais e religiosas. Embora a tentação autoritária, o desejo de concentrar e/ou centralizar poderes, exista no mundo de cima, ela enfrenta um problema de peso: a marronagem das classes populares. Como exercer poder e difundir propaganda para categorias que foram conscientemente relegadas e saíram da História? Como influenciar uma sociedade que foi destruída? Ao ostracizar seus próprios povos, as classes dominantes ocidentais criaram as condições de sua impotência. Ao romper o elo entre o mundo de cima e o mundo de baixo, as elites favorecem a autonomia dos mais modestos, que já não usam o mundo de cima como referência. Com exceção da coerção militarizada, a classe política não poderá contar por muito tempo com o mundo midiático ou acadêmico para canalizar o mundo de baixo. Como ninguém mais no mundo de baixo leva a sério políticos, economistas, acadêmicos ou mídias, o século XXI se inicia com um importante paradoxo. Hoje, é o mundo de cima que perde sua hegemonia cultural. O *soft power* invisível do mundo de baixo é o resultado inesperado da globalização.

---

13. Na França, por exemplo, os atentados voluntários à integridade física passaram dos 600 mil por ano, ou seja, uma média de 1.650 ataques por dia (números do Ministério do Interior, 2017).

TERCEIRA PARTE

O *soft power* das classes populares

No caos da sociedade relativa, não há muito que se possa esperar de um mundo político paralisado pela fragmentação e pela multiplicação de reivindicações identitárias. Ao desertar do sistema nacional e aceitar a perda de toda soberania, as classes dominantes organizaram a própria impotência e incapacidade de influenciar o real. Foi nesse caos que emergiu o mundo das periferias populares, tornando visível o que resta: um molhe popular que ocupa, no Ocidente, a maioria dos territórios.

Excluídas, ostracizadas, precarizadas e sem poder econômico ou político, as classes populares pareciam ter saído da História. Em algumas décadas, a classe dominante ocidental se tornou sua bússola invertida. Essa autonomia limitada de um mundo de baixo agora hermético aos discursos e injunções do mundo de cima permite que as classes populares reafirmem coletivamente quem são. Contra todas as expectativas, passaram a exercer um *soft power* invisível que contribui para o colapso da hegemonia cultural das classes dominantes e superiores. Em todos os países ocidentais, assistimos a uma inversão das noções de força e poder.

Esse *soft power* das classes populares, que impulsiona a onda populista ao obrigar políticos e mídias a abordar temáticas proibidas, contribui para o retorno ao movimento real da sociedade, o movimento da maioria. Em todo o Ocidente, vemos uma mudança de paradigma, e não o sucesso político de alguns tribunos. O populismo não é uma febre irracional, mas a expressão política de um processo econômico, social e cultural de fundo. Donald Trump, como os populistas italianos, foi eleito por um movimento que não iniciou. Na França, a eleição de Emmanuel Macron em nada afetou esse movimento, essa determinação das classes populares de recusarem o modelo do mundo de cima. Esse movimento real da sociedade não é nenhuma manipulação ou *fake news*, simplesmente traduzindo o desejo dos mais modestos de preservar o essencial: seu capital social e cultural. Apresentado como "populista" (leia-se "fascista") pelas classes dominantes, esse movimento, conduzido por uma maioria, é, ao contrário, profundamente democrático. Esse retorno ao povo, ou seja, à democracia, a um poder exercido pelo povo, surge da necessidade de reconstruir a sociedade. Será esse mecanismo do povo que obrigará as classes dominantes a acertar seu relógio com o da sociedade popular e abandonar, como diz Jacques Julliard, "um sistema no qual a democracia se exerce atualmente sem o povo".[1]

De fato, o movimento real da sociedade implode, um a um, todos os fundamentos do discurso dominante. Essa mudança não é fruto de uma ideologia e muito menos de uma "tomada da Bastilha". Ela resulta da permanência de uma sociedade popular obrigada a assumir o controle de uma realidade social e cultural que contradiz totalmente a visão irênica das classes dominantes. Desse modo, diante do desejo de reduzir o Estado de bem-estar social e privatizar, as classes populares enfatizam a necessidade de preservar o bem comum e os serviços públicos; ao desejo de desregular e desnacionalizar, opõem um sistema nacional que condiciona a defesa do bem comum; em face do mito da supermobilidade, revelam a realidade de um mundo popular sedentário muito mais durável; e, enfim, à construção de um mundo de indistinção cultural, contrapõem a preservação de um capital cultural protetor. Todas essas temáticas proibidas ou enterradas ressurgem e revelam a importância de um *soft power* do qual a classe dominante já não pode se evadir.

Essa atitude contradiz a ideia de um mundo popular resignado e impotente em face do poderio dos dominantes. Ainda mais importan-

---

1. Jacques Julliard, "Populisme, Europe et démocratie", *Le Figaro*, 3 de junho de 2018.

te, seu *soft power* permite anular a representação de classes populares tentadas pelo extremismo ou pela violência, revelando, ao contrário, a racionalidade e a força de um diagnóstico majoritário e central. Esse *soft power* é movido por uma análise serena, e não por uma ideologia violenta, e se reforça inexoravelmente no vazio provocado pelo abandono do bem comum.

As classes dominantes nunca haviam desenvolvido esse desprezo de classe, esse desejo de se separar da sociedade. Reivindicando valores universais, as classes dominantes ocidentais se singularizaram sem parar. Em nenhuma outra parte do mundo encontramos classes dominantes e superiores que tenham conscientemente sacrificado sua classe média e, *in fine*, a própria sociedade. Embora as elites globalizadas sempre participem da captação de riquezas e mesmo do abandono do bem comum, em nenhum país encontramos classes dominantes que tenham se despojado tanto de sua história, sua cultura e sua estrutura nacional. Jamais uma classe midiática, política e acadêmica denegriu, ostracizou e insultou tanto seu próprio povo, do qual se encontra isolada. E está igualmente isolada do mundo, que já não suporta suas lições de moral.

Recusando o niilismo das elites e a obliteração das sociedades ocidentais, as classes populares exercem uma pressão inesperada sobre o mundo de cima. Essa pressão cultural contribui para impor temáticas que se referem ao coletivo, ao desejo de proteger um capital social e cultural que estrutura toda a sociedade. Soberanismo, protecionismo, preservação dos serviços públicos, recusa das desigualdades, regulação dos fluxos migratórios, fronteiras: essas temáticas desenham um conjunto, o das classes populares do mundo, quaisquer que sejam suas origens. E essas temáticas, que contradizem implicitamente a pertinência do modelo dominante, hoje são debatidas.

Essa visibilidade das aspirações populares (ainda) não modifica o roteiro das classes dirigentes, mas contribui para tornar visível o essencial: a permanência de um molhe popular ligado ao bem comum. Na realidade, incapaz de retardar um movimento de reação que não irá parar, a classe dominante ocidental só tem uma alternativa: "proteger ou desaparecer",[2] unir-se ao movimento real da sociedade ou ser levada pelo caos que ela mesma criou. Ela vive hoje sob dupla coação, a da contestação popular e, sobretudo, a de um modelo nos últimos suspiros.

No entanto, embora a aceitação do diagnóstico das classes populares permita evitar falsos debates,[3] falsas soluções e falsas alternâncias políticas, ela não garante um final feliz. Seria um erro substituir o irenismo das classes dominantes por uma visão idealizada da sociedade popular. Nada será possível se uma fração das classes superiores não se reintegrar à estrutura nacional na qual se exerce a solidariedade.

---

2. Philippe Cohen, *Protéger ou disparaître: les élites face à la montée des insécurités*, Gallimard, 1999.

3. Debater os paraísos fiscais, o aumento das desigualdades, o multiculturalismo ou o lugar do islã e ao mesmo tempo apoiar um modelo que massacra as categorias populares revela, na melhor das hipóteses, estupidez e, na pior, cinismo.

7.

Uma *heartland* popular ou a inversão das noções de força e poder

Mesmo invisíveis, politicamente insignificantes e economicamente inúteis, as classes populares não desapareceram. Como observou corretamente Jean-Claude Michéa,[1] "a ideia de que o povo já não existe, hoje muito corriqueira entre os 'sociólogos' de esquerda, que só sabem raciocinar em termos de 'minorias', é totalmente surreal. É um pouco como se, guardadas as devidas proporções, os senadores da Roma imperial tivessem ousado afirmar que já não existiam escravos no reinado benevolente de Marco Aurélio!". Os operários e funcionários de escritórios, os jovens, os desempregados e os aposentados provenientes dessas categorias ainda formam a imensa maioria da população em todos os países desenvolvidos. Se acrescentamos os camponeses e os pequenos autônomos, essas categorias formam uma base popular irreprimível. O mundo de cima, em contrapartida, dos ricos às classes superiores, não representa mais que 20% ou 25% da população. (Para David Goodhart, "as pessoas de qualquer lugar", esses partidários supermóveis do mercado e da sociedade aberta, representam somente 25% da população, em oposição às "pessoas de algum lugar".)[2] Esse *continuum* sociocultural se divide pela imensa

---
1. "Peuple, *people*, populismes", *Revue des deux mondes*, 29 de março de 2017.
2. David Goodhart, *The Road to Somewhere, op. cit.*

maioria dos territórios e constitui não as margens, mas os continentes populares[3] nos quais estão inseridas as pequenas cidadelas-metrópoles.

Molhe popular

Estamos longe do mundo em vias de desaparecer sugerido por representações truncadas do território e das categorias sociais. A instrumentalização da questão do envelhecimento contribuiu durante muito tempo para a obliteração da antiga classe média e de seus territórios e para a emergência de um novo mundo representado pela juventude das metrópoles. Trinta anos mais tarde, é forçoso reconhecer que a parte da população vivendo nas metrópoles permaneceu estável (cerca de 40%).[4] De fato, havia-se esquecido que, embora aqueles com mais de 60 anos estejam efetivamente super-representados na França periférica, são os jovens e os trabalhadores ativos que compõem a maioria. A análise da evolução da população das cidades pequenas e médias[5] invalida a ideia de colapso populacional nos territórios da França periférica. Embora a população diminua nas cidades centrais, as comunas interligadas das quais elas dependem registram, ao contrário, forte crescimento populacional.

Assim, embora 157 das 264 cidades de médio porte da França metropolitana tenham registrado queda populacional (de 60%) entre 2005 e 2013, essa queda ficou concentrada nas cidades centrais. Nos EPCI[6] dos quais elas dependem, a dinâmica é inversa. Nas comunas interligadas, a queda só atinge 63 EPCI.

---

3. A França periférica representa 60% da população, dividida por 87% das comunas francesas.
4. Embora a população francesa tenha aumentado em 10 milhões de habitantes desde 1980, as metrópoles captaram "apenas" a metade desse aumento, ou o que equivale aproximadamente a seu peso na população francesa. Mais recentemente, entre 2007 e 2012, quase todos os departamentos registraram aumento populacional. Somente treze perderam habitantes. Ao passo que em 1968 as quinze primeiras metrópoles representavam 38,1% da população, em 2012 representavam 40,3%. Essa estabilidade atesta o fato de que a extensão das metrópoles resulta mais da extensão de seu território de influência do que de uma concentração acentuada da população.
5. Christophe Noyé, www.cfgeo.com.
6. *Établissement public de coopération intercommunale* [Estabelecimentos públicos de cooperação intercomunal].

Dito de outro modo, embora mais da metade das cidades de médio porte tenha perdido habitantes, essa é uma realidade que atinge somente uma em cada quatro (essencialmente em uma zona que se estende das antigas regiões mineiras até a Normandia e do centro de Ardenas até o sul da região central e o norte da Auvérnia). Na maioria dos territórios, o esvaziamento da cidade central está ligado à periurbanização, que capta o essencial do crescimento demográfico. O desejo de aceder à propriedade, a super-representação das pequenas residências, a redução da oferta comercial e a concentração de populações precárias e imigrantes empurraram bom número de domicílios para as periferias dessas cidades. O eixo do Rhône até os vales alpinos e, em menor medida, o litoral atlântico registram o maior crescimento, com o interior da Aquitânia e do Languedoc, assim como o entorno da metrópole parisiense, crescendo em ritmo menos acelerado.

Esse balanço demográfico das cidades pequenas e médias contradiz a ideia de territórios inexoravelmente esvaziados de suas populações. Em média, na França periférica, a população se mantém ou aumenta, em uma tendência reforçada pelo processo de sedentarização forçada que atinge esses territórios.

Essa constatação permite evocar a ambiguidade do conceito de "grande substituição".[7] Defendido pelo campo populista, ele contribui para validar a ideia de uma antiga classe média já marginalizada. Se a substituição demográfica já ocorreu (e é inexorável), qual o benefício de se levar em conta categorias já condenadas pela História?

Por exemplo, o exagero do tamanho das populações muçulmanas participa dessa empreitada. A demógrafa Michèle Tribalat estima que, levando-se em conta as taxas de fertilidade e mortalidade e as migrações, a França poderia ter 12,9% de muçulmanos em 2015, em um total de 8,5 milhões de pessoas.[8] Sua avaliação é praticamente idêntica ao do Pew Research Center.[9] Segundo esse centro de pesquisa, em função da

---

7. Expressão do escritor Renaud Camus que visa a destacar um processo de substituição das populações europeias por imigrantes não europeus.
8. www.micheletribalat.com.
9. Centro americano de pesquisa que fez uma projeção da população muçulmana na Europa (os 28 países da União Europeia mais a Noruega e a Suíça) a partir das taxas de fertilidade e mortalidade e das migrações.

evolução do saldo natural e do saldo migratório, a população muçulmana europeia, que representava 3,8% da população total em 2010, chegaria a uma faixa entre 7,4% e 14% em 2050. Na França, a população muçulmana passaria de 8,8% para 17,4% da população total entre 2016 e 2050, ou seja, entre 5,7 milhões e 12,6 milhões de pessoas. Trata-se de um grande crescimento, mas não de uma substituição.

Embora essas dinâmicas confirmem as grandes mudanças de ordem cultural sofridas pelas sociedades europeias, elas não se confundem com a substituição da população. "Mesmo com fluxos maciços, a maioria numérica de muçulmanos não ocorrerá ainda durante muito tempo."[10] Essas tendências incitam a refletir mais sobre as apostas ligadas à "política" migratória e às mudanças culturais do que sobre a possibilidade de uma substituição generalizada.

O eclipse cultural da classe média não fez com que desaparecessem nem o povo, nem os continentes populares. Esses espaços, que correspondem às zonas que criam o menor número de empregos e concentram a maior parte dos programas sociais, representam a maioria dos territórios. Tanto na França periférica quanto nos Estados Unidos periféricos, o espaço surge como última riqueza das classes populares. Em face desses continentes populares, as cidadelas, essas ilhotas de globalização bem-sucedida, revelam sua fragilidade e seu isolamento cultural. Em todo o Ocidente, o sonho das elites com um mundo desenraizado, de indivíduos desligados de seu território, sua cultura, sua história e seus valores, choca-se contra um molhe popular.

Depois de terem implodido os antigos partidos (e, acessoriamente, a clivagem esquerda-direita), as classes populares participam da desconstrução das representações do mundo de cima. Majoritárias e espalhadas pela parte mais importante dos territórios, agora impulsionam a dinâmica política. Tanto na Europa quanto nos Estados Unidos, a sociedade popular está invertendo as noções de poder e força ao modificar a geopolítica eleitoral e cultural; uma constatação que nos lembra que as relações de força nunca são fixas.

---

10. "Europe's growling Muslim population", www.micheletribalat.com.

Em 1904, o geógrafo britânico Halford J. Mackinder preveniu o Reino Unido contra a confiança excessiva em seu domínio marítimo. Ele explicou que o verdadeiro controle do mundo passava pela "terra do meio", ou *heartland*.[11] Hoje, essa *heartland* corresponde às periferias populares. É a partir dessas periferias que os mais modestos estabelecem as novas relações de força. Aninhado em suas cidadelas-metrópoles, inaudível pela maioria, o mundo de cima exerce apenas um poder virtual, sem qualquer controle sobre a *heartland* popular majoritária que passou a impor suas temáticas.

Longe de reforçar sua hegemonia, o processo de cidadelização contribuiu para tornar inoperante o discurso dominante, chegando ao ponto de inverter as noções de centralidade cultural. Nesse sentido, a deslegitimação da "ideologia da metropolização",[12] percebida como ideologia da nova burguesia, é um bom indicativo dessa inversão.

Em todos os países desenvolvidos, as classes populares são herméticas ao catecismo das mídias, da classe política ou da academia. De agora em diante, o mundo de cima encena sua partição em salas vazias.

Fim da hegemonia cultural do mundo de cima

A hegemonia política do mundo de cima repousou durante muito tempo sobre a invisibilidade e a impotência do mundo de baixo. Diferentes sequências eleitorais rapidamente rememoraram uma realidade esquecida pela classe dominante: quando votam, as classes populares decidem as eleições. Do referendo europeu em 2005 às eleições legislativas italianas em 2018, passando pelo Brexit ou pela eleição de Donald Trump em 2016, a participação dessas categorias contraria todas as previsões ao impor temáticas que contradizem implicitamente as escolhas econômicas e societais da classe dominante.

Ao contrário da crença predominante, o ressurgimento dessas temáticas nada deve à propaganda ou às *fake news* de alguns populistas loucos,

---

11. Na época, essa "*heartland*" correspondia aos territórios da grande potência continental, o Império Russo, que seria sucedido pela URSS.
12. Gérard-François Dumont, "Une idéologie de la métropolisation?", *Population et avenir*, n. 722, fevereiro de 2015.

mas sim ao diagnóstico dos mais modestos. Achando que as classes populares são incapazes de produzir a menor análise racional sobre os efeitos do modelo econômico e social, o mundo de cima se tranquiliza supervalorizando alguns tribunos e/ou intelectuais ditos reacionários[13] (os novos, os antigos, os futuros). Donald Trump, Marine Le Pen, Jean-Luc Mélenchon, Beppe Grillo, Luigi Di Maio ou Matteo Salvini, Steve Bannon, David Goodhart ou Éric Zemmour em nada influenciam a opinião popular: ao contrário, eles se nutrem dela. A teoria de trumpização ou lepenização das mentes fracas ignora um mecanismo de fundo muito mais potente, impulsionado pelo *soft power* das novas classes populares. Trump, a Frente Nacional e o Movimento 5 Estrelas são, acima de tudo, criações das classes populares americanas, francesas e italianas.

A onda dita populista é produto do desaparecimento da classe média ocidental, e não da propaganda ou do talento de alguns tribunos. Além disso, a maioria das classes populares não se refere a nenhuma ideologia e não se posiciona sobre nenhuma escolha binária das classes dirigentes (a favor ou contra a globalização, a Europa ou o liberalismo). Elas simplesmente pedem para ser consideradas e protegidas.

Se a ideologia dominante entra em colapso, não é porque perdeu uma guerra de propaganda, mas porque nenhum modelo é durável se entra em contradição com os interesses do maior número.

O paradoxo é que o mundo político e acadêmico ainda crê em seu poder de influência. Essa é uma das crenças mais enraizadas entre os políticos, mas também entre jornalistas e intelectuais. Todos os Jacques Attalis do mundo querem que se acredite que a sociedade espera suas ideias e soluções para avançar. A realidade é bem mais trivial. O poder do mundo de cima não é mais o dos políticos e, muito menos, dos intelectuais, mas, acima de tudo, o dos mercados e das multinacionais. O mundo político, acadêmico ou midiático recita os versículos da doxa dominante, mas tem somente uma influência cultural marginal sobre o mundo de baixo. A figura do político ou do intelectual guiando o povo e propondo soluções é amplamente um

---

13. Ver (entre outros) Daniel Lindenberg, *Le Rappel à l'ordre. Enquête sur les nouveaux réactionnaires*, Le Seuil, 2002.

mito. Quando foi que a ideia ou solução de um especialista ou político modificou o movimento real da sociedade?

A ressurgência de temáticas que visam a preservar o coletivo ao definir os limites do que é comum (Estado de bem-estar social, protecionismo, regulação dos fluxos migratórios) é, acima de tudo, resultante de uma demanda de proteção social e cultural que emana dos meios populares.

A postura moral do mundo de cima está ultrapassada

Durante muito tempo, a classe dirigente legitimou sua dominação econômica em nome da moral. Em nome da sociedade aberta, a nova burguesia justificou todas as mutações econômicas e societais. O mundo midiático, cultural e acadêmico estava no centro dessa empreitada de dominação cultural. Mas a postura moral do mundo de cima já não convence ninguém. A desconfiança que as classes populares sentem pela mídia, pelo mundo acadêmico e pelos especialistas anuncia o fim do magistério dos pretensiosos.

Do mundo político ao mundo das mídias, do mundo acadêmico ao mundo do cinema,[14] os vetores de difusão da ideologia dominante são pouco a pouco deslegitimados ao se tornarem inaudíveis para a maioria. Na Europa, mas também nos Estados Unidos, a indústria cinematográfica produz cada vez menos projetos rentáveis. Na França, simbolicamente, o canal de cinema Canal+, que elevou a cultura dominante ao mais alto nível ao exibir exageradamente a postura moral e a ostracização das classes populares, perdeu toda sua influência.

Da queda do império Weinstein ao fim do "esquerdismo cultural"[15] francês, a impostura moral da nova burguesia está bem visível. As classes populares estão cansadas das lições de moral dos bilionários californianos ou dos burgueses boêmios londrinos que, defendendo a abertura e a diversidade, reforçam sem cessar seu gregarismo. Marginalizada pela opinião

---

14. A indústria cinematográfica é cada vez mais deficitária e as classes populares frequentam cada vez menos as salas escuras. Em 2012, na França, somente 55% dos operários foram ao menos uma vez ao cinema durante todo o ano (*Rapport des inégalités*, 2016).
15. Expressão do sociólogo Jean-Pierre Le Goff em *Malaise dans la démocratie*, Fayard, 2017.

pública, não resta à nova burguesia muita coisa para manter sua dominação cultural. É por isso que ainda exagera seu antirracismo de araque, tentando atrair para sua causa minorias cada vez menos ludibriadas. O discurso de abertura ao mundo e aos outros já não é sustentável no caso de uma burguesia cujas estratégias residenciais e escolares contradizem totalmente a postura que exibe. Nesse sentido, a instrumentalização dos imigrantes e dos pobres pela classe dominante, o show business e parte do mundo intelectual surgem agora como realmente são: uma encenação indecente com o objetivo de oferecer um verniz social à nova burguesia no momento em que ela abandona o bem comum. Do *diversity business* à promoção do miserabilismo social, a classe dominante sempre destacou as margens para ocultar os efeitos do modelo sobre o maior número. Mas essa falsificação se tornou visível demais e já não funciona. Tendo perdido a hegemonia cultural, a classe dominante já não tem como impor suas representações.

Restabeleçamos, uma vez mais, a perspectiva: a inversão não é vitória do campo da reação sobre o campo do progresso, da direita ou da extrema-direita sobre a esquerda ou a extrema-esquerda, mas do *soft power* invisível das classes populares.

O ressurgimento das temáticas proibidas: regulação econômica, fronteiras, protecionismo, controle dos fluxos migratórios

Em um contexto de inversão das noções de poder, o mundo de baixo já restringe o mundo de cima ao impor ao debate público temáticas apresentadas como anacrônicas no tempo em que o mercado reinava.

Da defesa dos serviços públicos à defesa do Estado de bem-estar social, da contestação do livre-comércio ao ressurgimento do protecionismo, do soberanismo à temática das fronteiras, da questão do mundo rural ao lugar da França popular e periférica, da insegurança social à insegurança cultural, já perdemos a conta das temáticas apresentadas como anacrônicas que preocupam e mesmo atormentam o mundo de baixo e agora ressurgem no debate público.

O "louvor às fronteiras",[16] que ressurgiu durante a campanha presidencial americana de 2016, não é produto de um marketing eleitoral desconectado da realidade, mas consequência da explosão demográfica de um mundo no qual o espaço disponível se reduz como a pele de onagro. Em alguns anos, tanto na Europa quanto nos Estados Unidos, a instabilidade demográfica e a difusão de uma insegurança social e cultural crescente nos meios populares recolocaram em discussão esse assunto que acreditávamos superado. O restabelecimento das fronteiras na Itália, Áustria, Hungria ou Dinamarca responde simbolicamente à generalizada demanda por proteção de seus povos.

Ocorre o mesmo com o questionamento dos tratados de livre-comércio ou do desejo de taxar as empresas estrangeiras para favorecer o *made in America*. Essa política, que contraria a doxa de livre-comércio das classes dominantes, não é fruto das ideias delirantes de um homem isolado na Casa Branca, mas resultado da precarização da classe operária provocada notadamente pela financeirização e pela desindustrialização da economia americana iniciadas na década de 1980. Do mesmo modo, os líderes populistas não estão sozinhos ao recolocar a questão dos fluxos migratórios no centro do debate, apoiando-se, acima de tudo, na reação concreta das classes populares ao advento da sociedade multicultural.

Há muitas décadas, as classes populares aprovam por ampla maioria todas as temáticas que visam a assegurar a *common decency*.[17] Sua atenção às temáticas de proteção e regulação, apresentada como deriva identitária, na realidade tende a criar condições para o exercício pacífico de seu capital social e cultural. Essas demandas ditas populares, que visam a preservar o coletivo, são uma resposta à secessão e ao egoísmo das elites.

Foi essa demanda por proteção que fez ressurgir no debate público uma temática proibida, a do protecionismo. Na maioria dos países ocidentais, a imensa maioria das mídias, das universidades e do mundo político se opõe ao protecionismo. Há décadas, o argumento é sempre o mesmo: protecio-

---

16. Régis Debray, *Éloge des frontières*, Gallimard, "Folio", 2013.
17. Um conceito de George Orwell, atualizado pelo filósofo Jean-Claude Michéa, que evoca os valores do auxílio mútuo e da solidariedade nos meios populares.

nismo é guerra. Mais proteção levaria inexoravelmente ao fechamento e depois à precariedade, carregando a semente dos piores instintos dos povos. Protecionismo é isolamento e, portanto, racismo e/ou fascismo.

Certos defensores do livre-comércio apresentam argumentos mais sutis: em trinta anos, a globalização permitiu o recuo da pobreza no mundo, especialmente na China. O problema é que, ao mesmo tempo, levou à precarização das classes populares ocidentais. Essa constatação proíbe qualquer análise binária e ideológica.

Como lembrou o economista francês Jean-Luc Gréau,[18] "contrariamente ao liberalismo, o protecionismo não é uma ideologia, mas uma política de proteção comercial". O objetivo é, acima de tudo, proteger-se da concorrência desleal ou de práticas de *dumping* social,[19] ambiental ou fiscal. E é assim que ele é percebido pelas populações que apoiam maciçamente essas medidas de proteção. Em 2011, 65% dos franceses eram favoráveis ao aumento dos impostos alfandegários.[20]

Há muito tempo consciente de que é preciso proteger a indústria e, consequentemente, as classes populares dos efeitos do modelo globalizado, Jean-Pierre Chevènement defende a ideia de uma soberania europeia em questões industriais. Esse protecionismo europeu defendido por vários economistas e intelectuais[21] visa a preservar os empregos industriais ao oferecer um modelo de desenvolvimento durável. "Uma produção realocada e mais próxima desses mercados permitirá limitar os riscos ambientais agravados pela produção segmentada no nível planetário. Os morangos chineses se tornaram muito competitivos, mas exigem vinte vezes mais petróleo equivalente do que o morango de Périgord. Durante os últimos trinta anos, favorecemos claramente as economias de grande escala, com fábricas cada vez maiores, capazes de servir zonas cada

---

18. Jean-Luc Gréau, ex-especialista do Medef [Mouvement des Entreprises de France, Movimento das Empresas da França], "Le protectionnisme est-il de retour?", *Le Figaro*, 15 de fevereiro de 2017.
19. É essa, aliás, a razão pela qual a França, oficialmente contrária ao protecionismo, exige há muito tempo uma reforma do status dos trabalhadores deslocados.
20. "Les Français, le protectionnisme et le libre-échange", Ifop, 2011.
21. De Maurice Allais a Jean-Luc Gréau, de Jacques Sapir a Emmanuel Todd.

vez mais vastas. Em razão das limitações energéticas, esse movimento deveria ser invertido."[22] Essa posição evidentemente não interdita o comércio, mas permite proteger os modelos sociais, pois, como afirmou Maurice Allais,[23] "a liberalização total do comércio e da movimentação do capital só é possível e desejável no quadro de conjuntos regionais que agrupam países econômica e politicamente associados e de desenvolvimento econômico e social comparável". O economista Jacques Sapir diz o mesmo: "A abertura das economias à concorrência internacional só produz efeitos benéficos se essa concorrência é 'justa', ou seja, se envolve projetos empresariais, e não mecanismos de dumping salarial, social ou fiscal."[24] Ele afirma que não se trata somente de proteger as indústrias antigas, pois "os defensores do protecionismo pensam que também é preciso salvaguardar as indústrias nascentes e inovadoras que se lançam nos setores de nicho — como as biotecnologias ou a energia eólica, por exemplo —, até que se integrem ao mercado da concorrência".

Embora a temática do protecionismo econômico seja discutida e teorizada há várias décadas, jamais pôde se impor. Hoje, ressurge no debate público da direita à esquerda porque representa uma resposta à crescente demanda por proteção que emana das classes populares. Assim, não é por acaso que, de Donald Trump a Bernie Sanders, de Marine Le Pen a Jean-Luc Mélenchon, o protecionismo é parte integrante dos programas políticos atuais.

Contrariamente às ideologias do livre-comércio, os defensores do protecionismo propõem uma concepção de economia cujo objetivo não é prioritariamente o crescimento do PIB, mas, acima de tudo, a proteção das classes populares e médias. Essa abordagem se inscreve também no processo de inversão das noções de força e riqueza. Nesse sentido, os debates que visam a repensar a noção de PIB também participam da questão da mudança das representações e da visibilidade das categorias modestas.

---

22. Hakim El Karoui, "Les avantages d'un protectionnisme européen", colóquio da fundação Res Publica, 7 de abril de 2009.
23. Maurice Allais (prêmio Nobel de economia em 1988), *La Mondialisation. La destruction des emplois et de la croissance*, Clément Juglar, 1999.
24. Jacques Sapir, *La Démondialisation*, Le Seuil, "Points", 2012.

O PIB[25] por habitante é o indicador que mensura o crescimento e o progresso social. Hoje, vários estatísticos admitem que se trata de um indicador imperfeito. Seus limites são conhecidos: ele exclui parte essencial do trabalho não remunerado efetuado pelos domicílios e as trocas entre os indivíduos. Em muitos territórios, principalmente os rurais, essas trocas (e a ajuda mútua) são numerosas e constituem uma considerável riqueza potencial.

Além disso, os economistas observam que, em um contexto no qual a fronteira entre casa e trabalho se apaga, especialmente com a informatização e o uso de equipamentos pessoais (computador, smartphone, habitação, veículo), parte importante da criação de riqueza é ignorada. Outra falha é que o PIB exclui igualmente os fatores ambientais, como a poluição e os danos causados a certas espécies, o esgotamento dos recursos naturais e a perda da biodiversidade ou, inversamente, a riqueza e o potencial dos espaços naturais.

Mas, como indicou a economista inglesa Diane Coyle,[26] uma das críticas mais importantes se deve ao fato de o PIB não levar em conta as desigualdades. A agregação de rendas e despesas individuais no PIB elude, com efeito, a noção de repartição. Ao igualar o crescimento do PIB à melhoria do bem-estar econômico, partimos do princípio de que a repartição não evoluirá. Enquanto a distribuição de renda não variava muito (até meados da década de 1980 na maior parte dos países da OCDE), isso não era um problema.

Hoje, a dinâmica desigualitária[27] e a problemática da distribuição fragilizam muito esse indicador. A crise de 2008, a visibilidade das novas fraturas territoriais e a onda populista no contexto do colapso da classe média ocidental alteraram fundamentalmente a situação. Certos economistas propõem elaborar um indicador que englobe consumo, lazer, mortalidade, desigualdade e custo ambiental.[28]

---

25. Produto interno bruto: essa medida quantifica (em cada país e ano determinados) o valor total da produção de riqueza das empresas, dos domicílios e das administrações públicas.
26. "Repenser le PIB", *Finances et développement*, março de 2017.
27. Thomas Piketty, *Le Capital au XXIe siècle*, Le Seuil, 2013 [Ed. bras.: *O capital no século XXI*. Rio de Janeiro: Intrínseca, 2014].
28. Charles Jones e Peter Klenow, citados em "Repenser le PIB", *Finances et développement*, março de 2017.

Essas interrogações sobre a pertinência do PIB como instrumento de medida do crescimento e da riqueza participam de uma evolução de fundo, aquela do questionamento das representações sociais, econômicas e territoriais únicas que contribuíram para tornar invisível a sociedade popular e seus territórios.

O peso das classes populares e sua recusa em se resignar ao desaparecimento do bem comum contribuem para questionar a pertinência de um objetivo de crescimento desigualitário e criador de poucos empregos. Ao impor temáticas que visam a preservar o coletivo, esse *soft power* permite disputar a finalidade de um sistema que não cria sociedades. É nesse movimento que se inscreve a demanda de regulação dos fluxos migratórios.

A regulação dos fluxos migratórios ou das fronteiras, apresentada como conflito entre o campo do Bem e o campo do Mal, na realidade opõe, há décadas, duas percepções políticas: a das categorias superiores, que podem se proteger dos efeitos da imigração com a evitação residencial (não vivendo nos mesmos imóveis), e escolar (não matriculando sua prole nos colégios que acolhem a maioria das crianças imigrantes), e a das classes populares (quaisquer que sejam suas origens), que não têm meios para criar essa fronteira invisível. Como essas últimas são infinitamente mais numerosas, a classe dominante sabia de antemão quais seriam os resultados de um referendo sobre a questão. Assim, disfarçou uma questão política e social como exclusivamente humanitária: devemos deixar os migrantes se afogarem no Mediterrâneo? Devemos deixar um migrante morrer de frio nos Alpes? Embora alguns malucos certamente fossem responder que sim, a imensa maioria da população cumpriria seu dever, especialmente nos meios populares.

Na realidade, e contrariamente ao que dão a entender as mídias, essa questão eminentemente política não causa nenhuma clivagem na opinião pública. Se existe clivagem, ela opõe acima de tudo as classes superiores, que exageram a questão moral para mascarar seu infantilismo e/ou sua irresponsabilidade política, e as classes populares, que, embora cumprindo seu dever moral, se posicionam no campo político, o campo da responsabilidade. Em todo o mundo, a questão dos fluxos migratórios é consensual: nos meios populares, quaisquer que sejam suas origens, vemos a mesma demanda por regulação.

O instituto Ipsos, que há vários anos realiza uma pesquisa consagrada à percepção da imigração em cerca de 25 países[29], descreve opiniões muito homogêneas sobre a questão. Da França aos Estados Unidos, da África do Sul à Turquia, do Brasil à China, da Suécia à Arábia Saudita, a percepção dos efeitos da imigração é assim dividida: somente 20% dos entrevistados em todo o mundo acham que a imigração tem impacto positivo sobre seu país (11% entre os franceses e 18% entre os alemães), ao passo que metade estima que há imigrantes demais em seu país[30] e que eles causam pressão sobre os serviços públicos. A irresponsabilidade do Estado e da classe política nos últimos trinta anos em matéria de imigração é paga por todos os habitantes e servidores públicos que vivem e trabalham nos territórios de acolhimento desses fluxos. São essas populações que sofrem todos os dias as consequências da ideologia das classes dominantes em matéria de imigração. Como imaginar, sem regulação dos fluxos, uma melhoria do retrato social, escolar e securitário de um departamento como Seine-Saint-Denis, no qual se estima que os ilegais representem entre 8% e 20% (entre 150 mil e 400 mil pessoas)[31] da população total?

Embora o jogo da classe dominante evidentemente seja clivar, etnicizar essa questão (os pequenos brancos contra as minorias), todas as pesquisas mostram, ao contrário, que a regulação dos fluxos é uma ideia partilhada pela imensa maioria das classes populares, quaisquer que sejam suas origens. Na França, as classes populares de imigração antiga, europeia,

---

29. Estudo realizado entre 24 de junho e 8 de julho de 2017, com 17.903 pessoas com idades entre 18 e 64 anos nos Estados Unidos e no Canadá e entre 16 e 64 anos nos outros países: África do Sul, Alemanha, Arábia Saudita, Argentina, Austrália, Bélgica, Brasil, Coreia do Sul, Espanha, França, Hungria, Índia, Itália, Japão, México, Nova Zelândia, Peru, Polônia, Reino Unido, Rússia, Sérvia, Suécia e Turquia.
30. Com a Turquia (85%), a Itália (66%), a África do Sul e a Rússia (63%) sendo os quatro países mais negativos a respeito.
31. Segundo relatório de François Cornut-Gentille (LR) e Rodrigue Kokouendo (LREM) sobre a avaliação da ação do Estado em Seine-Saint-Denis, apresentado à Assembleia Nacional dos Deputados em 31 de maio de 2018.

asiática ou magrebina, são igualmente sensíveis à onda de imigração subsaariana ou dos ciganos roma.[32] Ocorre o mesmo nos Estados Unidos para uma fração da comunidade negra em relação à imigração mexicana.

Nos meios populares, a regulação dos fluxos migratórios não é de modo algum conflituosa, apresentando-se como opção racional. Na realidade, foi a classe dominante que a histerizou, manipulando a questão racial. Em uma época na qual a esquerda ainda defendia as classes populares, a regulação dos fluxos não era tabu. Consciente dos efeitos sobre a classe operária (*dumping* social, fragilização do capital social e cultural), o Partido Comunista Francês (PCF) não hesitou em pedir o fim da imigração.

Com efeito, durante a campanha presidencial de 1981, o primeiro-secretário do PCF, Georges Marchais, explicou que era preciso "interromper a imigração oficial e clandestina" e disse que era "inadmissível permitir a entrada de novos trabalhadores imigrantes na França quando nosso país tem quase 2 milhões de desempregados franceses e imigrantes".[33] Embora o PCF e, mais amplamente, a esquerda ainda reunissem o essencial das vozes populares, foi nessa época que a ostracização dos mais modestos começou, especialmente em uma fração da esquerda socialista. Georges Marchais pressentiu a ascensão de um discurso que visava a ostracizar a classe operária para melhor deslegitimar suas reivindicações. Em uma exposição premonitória, ele denunciou claramente a dinâmica que conduziria à relegação cultural dos mais modestos e à ruptura entre a esquerda e as classes populares: "Se apresentamos os problemas da imigração, estamos utilizando e favorecendo o racismo; se buscamos reprimir os instintos mais baixos e combatemos o tráfico de drogas, estamos evitando o alcoolismo apreciado por nossa clientela [...] Qual é a ideia que essas pessoas fazem dos trabalhadores? Limitados, incultos, racistas, alcoólatras, brutais: segundo nossos detratores, da direita ao Partido Socialista, assim são os operários."[34] Para Marchais, a regulação

---

32. Ver "Des musulmans de gauche?", Fundação Jean-Jaurès, março de 2014.
33. *Le Monde*, 20 de abril de 2015.
34. Montigny-lès-Cormeilles, 20 de fevereiro de 1981.

dos fluxos não derivava de nenhuma dimensão étnica ou cultural, mas visava a proteger os operários do *dumping* social e da fragilização de seu capital social. Mas a legitimidade e a sutileza desse discurso foram varridas pela pesada artilharia ideológica da classe dominante e pela transformação de uma questão social em questão racial.[35] Quarenta anos depois, a relegação cultural das classes populares ocidentais é efetiva. O papel desempenhado pela *intelligentsia* de esquerda nessa empreitada foi determinante. Ela anunciou o divórcio definitivo entre o campo do progresso e sua base popular, oferecendo aos movimentos populistas de direita um eleitorado potencialmente majoritário.

A empreitada de demonização das opiniões pela classe dominante e seus retransmissores midiático-acadêmicos não teve nenhum impacto sobre as classes populares e vimos, ao contrário, um endurecimento de suas posições. Recusando os debates truncados,[36] e herméticas ao discurso dos especialistas e das mídias, as classes populares do século XXI exigem, como em 1981, a regulação dos fluxos.[37]

Foram essas as temáticas que fizeram pender a balança para a saída do Reino Unido da União Europeia. Uma fração do mundo de cima compreendeu que elas são inevitáveis: em julho de 2017, Bill Gates alertou a opinião pública mundial sobre a necessidade de a Europa "estancar os fluxos migratórios".[38] Embora as elites europeias (ainda) não tenham chegado a esse ponto, o atentismo de Emmanuel Macron e as dúvidas de Angela Merkel anunciam o fim da negação das culturas populares.

---

35. Três anos mais tarde, em 1984, a associação SOS Racismo foi criada por círculos próximos ao Partido Socialista.
36. Em um contexto no qual o povo influencia cada vez menos as decisões políticas, observamos uma multiplicação de argumentações estéreis e midiáticas, com o *entertainment* tendendo, pouco a pouco, a substituir o debate democrático.
37. Para 85% dos franceses, o número de imigrantes está aumentando, e somente 14% julgam que a imigração é positiva. "Attitude à l'égard de l'immigration et de la crise des réfugiés dans le monde", Ipsos, julho de 2017.
38. Laurent Chalard, Atlantico.fr, 7 de julho de 2017.

8.
Nem guerra, nem paz: a resistência à negação das culturas

Em 2010, o sociólogo Hugues Lagrange publicou *Le Déni des cultures*, obra na qual mostra a importância da dimensão cultural como fator explicativo para a deriva de certos bairros sensíveis.[1] Ele descreveu especialmente a importância dos diferentes legados culturais (magrebino, turco ou africano do Sahel) para a realidade social. Embora seu estudo tenha evitado qualquer essencialização, o autor não conseguiu escapar do processo midiático. Paradoxalmente, a controvérsia ilustrou perfeitamente sua tese: de fato, hoje está em curso uma negação das culturas.

Mas é preciso ir mais longe. Ao denunciar essa negação, Lagrange indica, indiretamente, a importância de um capital cultural protetor para as classes populares, quaisquer que sejam suas origens. Esse capital, que condiciona a *common decency*,[2] representa as fundações de toda sociedade, em qualquer lugar.

---

1. Hugues Lagrange, *Le Déni des cultures*, Le Seuil, 2010.
2. Ver nota 7, p. 123.

Resistência à negação das culturas

Pois a negação das culturas[3] é, acima de tudo, a negação das culturas populares (autóctones ou imigrantes). Assim, ela reveste uma dimensão social e cultural. A oposição entre uma abordagem dita identitária e uma abordagem dita social dos meios populares é absurda. Não há oposição entre social e cultural, mas interdependência. O capital cultural dos mais modestos condiciona os elos sociais e vice-versa. Essa negação das culturas populares é ainda mais escandalosa porque, paralelamente, as classes dominantes, sejam conservadoras ou progressistas, são muito ligadas a seu sistema de valores, que nunca deixaram de proteger. É esse precioso capital social que elas negam aos mais modestos.[4]

Essa percepção de um mundo popular que se resumiria a uma página em branco, sem história ou cultura, tem por corolário a brutalidade das políticas migratórias, como ilustrado em 2015 pela decisão de Angela Merkel de acolher 1 milhão de imigrantes em alguns meses, a fim de responder às demandas do patronato alemão. Foi essa mesma negação das culturas populares que autorizou Jacques Attali a propor que repovoemos as áreas rurais francesas através da migração internacional. Sem cultura, as classes populares autóctones ou imigrantes se mostram indefinidamente transportáveis e intercambiáveis, como mercadorias.

Essa concepção dos povos é uma especificidade das elites ocidentais. Embora todas as elites globalizadas se beneficiem da captação de riquezas ao endossar o mesmo modelo econômico, as ocidentais são as únicas a negar a existência das culturas populares. Essa especificidade das elites

---

3. Essa negação não impede que as classes dominantes instrumentalizem a questão da diversidade para justificar o modelo globalizado.
4. A obliteração da cultura popular é ainda mais intensa por ser acompanhada, hoje, de um processo inédito de apropriação. À gentrificação dos antigos bairros populares das grandes cidades se acrescenta, há várias décadas, um processo de apropriação da cultura popular pela nova burguesia, que reinventa uma cultura popular chique e asséptica. São chiques o bar operário antigo, a fábrica abandonada, o velho ateliê transformado em loft, as lojinhas de comida, as arquibancadas dos estádios de futebol... Nesse processo de disneylandização, nenhum território é esquecido. Da decoração operária à camponesa, todos os locais de férias das novas classes também estão envolvidos. Essa apropriação cultural, que participa do embaralhamento de classes, paradoxalmente acentua a invisibilização dos mais modestos.

ocidentais se opõe à universalidade das classes populares, que defendem banalmente sua identidade, como fazem os povos dos cinco continentes. Como o filósofo e historiador Marcel Gauchet, elas não veem "qual é a vantagem de trocar uma história legendária que foi legitimamente criticada por outra lenda, a do multiculturalismo. Onde estaria o progresso? O problema é o atual etnocentrismo, que busca impingir ao passado as realidades políticas contemporâneas".[5] Esse é o etnocentrismo das classes dominantes ocidentais, que pensam estar defendendo um modelo universal quando, na verdade, já não são ouvidas nem por seu povo, nem pelos outros países.

O desejo de impor um modelo único pela indistinção social (embaralhamento de classes) e cultural (a sociedade relativa, sem história nem cultura) é contestado hoje pelas classes populares ocidentais, mas também pelos povos e pelas classes dirigentes do mundo inteiro. Em todo o mundo, as classes dominantes e superiores endossam o mesmo modelo desigualitário, mas é somente na Europa que esse processo é acompanhado dessa obliteração cultural. A maior parte dos governos tomou consciência do desafio demográfico, reagindo a ele humana ou violentamente, em um quadro democrático ou não.

Argel–Tel Aviv

Segundo a Organização das Nações Unidas, a população mundial poderia passar de 7,5 para 9,8 bilhões de indivíduos em 2050 e, talvez, para 11,2 bilhões no fim do século XXI. Em seu relatório de 2017, o Departamento de Assuntos Econômicos e Sociais (DESA) prevê que, "entre 2017 e 2050, metade do crescimento da população mundial estaria concentrada em somente nove países: Índia, Nigéria, República Democrática do Congo, Paquistão, Etiópia, Tanzânia, Estados Unidos, Uganda e Indonésia".[6]

---

5. Marcel Gauchet, "L'idée que le passé peut être remodelé à volonté est une idée totalitaire", *Le Figaro*, 20 de outubro de 2017.
6. www.un.org/development/desa/fr/ e "Perspectives de la population mondiale, la révision de 2017", junho de 2017.

Os demógrafos concordam que o continente africano será a locomotiva demográfica do mundo durante várias décadas. Hoje, ele conta com 1,3 bilhão de habitantes, representando 17% da população mundial, e chegará a quase 4,5 bilhões em 2100, ou seja, 40% da humanidade. O Níger, que atualmente detém a mais alta taxa de natalidade do mundo, com 7,6 filhos por mulher, deverá dobrar de população em menos de dezoito anos e poderá chegar a 40 milhões de habitantes em 2035 e perto de 75 milhões em 2050. Já a Nigéria passaria de 190 milhões para mais de 410 milhões, tornando-se, em 2030, o terceiro país mais povoado do mundo. A dinâmica demográfica africana exerce pressão sobre as sociedades europeias e americanas, mas também sobre as magrebinas e as do Oriente Médio e Próximo.

Em uma Europa multicultural e habituada há décadas a discutir a questão da islamização, será a "africanização"[7] que se imporá como temática central, e a questão migratória suscitará inevitavelmente a questão da preservação/adaptação do modelo social europeu como um todo. Em face das perspectivas demográficas, os povos reagem de maneira idêntica e exigem as mesmas medidas de regulação e proteção. Essa demanda não é somente das classes populares europeias ou americanas, dos pequenos brancos, mas do conjunto das classes populares em todo o mundo.

Restrita a uma representação pós-colonial e indigenista da imigração, a classe dirigente acredita que as minorias são intrinsecamente favoráveis à intensificação dos fluxos migratórios. Por exemplo, acredita — recusando-se a ver a realidade — que os muçulmanos franceses são favoráveis, *a priori*, ao acolhimento em seus bairros de uma imigração proveniente de países muçulmanos. Mas a multiplicação de tensões comunitárias entre migrantes e habitantes dos bairros de imigrantes de Marselha[8] ou na região parisiense não é nova. Há dez anos, rixas opõem regularmente os habitantes dos bairros sensíveis às populações de ciganos roma.

---

7. Stephen Smith, *La Ruée vers l'Europe: la jeune Afrique en route pour le vieux continent*, Grasset, 2018.
8. Em janeiro de 2018, o bairro de Kalliste, no 15ᵉ arrondissement de Marselha, foi palco de fortes tensões entre habitantes e migrantes subsaarianos que ocupavam imóveis insalubres.

Um estudo realizado em 2014 na região parisiense mostra que, hoje, a imigração é uma grande preocupação para os franceses muçulmanos.[9] Contrariamente ao que dão a entender as mídias, hoje são as minorias que mais se preocupam com a questão migratória.[10]

Com efeito, o destino dos migrantes não é se integrar aos bairros, imóveis ou colégios dos partidários da "sociedade aberta", mas aos bairros e imóveis onde já vivem imigrantes e minorias, os que acumulam as mais altas taxas de desemprego e precariedade, essas zonas urbanas sensíveis cuja situação é continuamente deplorada, mas sem jamais evocar os fluxos que lá se concentram e diariamente acentuam as dificuldades. Da mesma maneira, seus filhos não frequentarão os mesmos colégios dos filhos da nova burguesia, mas aqueles que já acolhem a maioria das crianças imigrantes e pertencentes às minorias.

Por toda parte, a intensificação dos fluxos migratórios resulta nas mesmas tensões, na mesma demanda por regulação e na mesma insegurança cultural. Na Guiana Francesa[11] ou em Maiote,[12] a imigração maciça e descontrolada, que faz os autóctones temerem o colapso do modelo social e cultural, resulta em situações cada vez mais violentas e incontroláveis.

Em todos os territórios de contato entre categorias populares, a imigração provoca as mesmas tensões e a mesma angústia identitária. Embora o conceito de choque de civilizações permita abordar questões de ordem geopolítica em escala mundial, ele oferece apenas uma versão parcial da realidade de um mundo popular confrontado com outra coisa: o choque dos vilarejos, do atrito cotidiano entre diferentes modos de vida e culturas em um contexto de instabilidade demográfica.

---

9. "Des musulmans de gauche?", Fundação Jean-Jaurès, março de 2014.
10. Em julho de 2018, por exemplo, no bairro de Perseigne, em Alençon, uma rixa entre migrantes afegãos e habitantes de origem marroquina e turca resultou em um morto e doze feridos. "Après la rixe à Alençon, des Afghans tentent de fuir le quartier", *Ouest-France*, 3 de agosto de 2018.
11. Laurent Marot, "Guyane: qui est le collectif des 500 frères?", *Le Monde*, 27 de março de 2017.
12. Em Maiote, estima-se que quase 50% dos habitantes recenseados sejam imigrantes originários de Comores e que 70% dos bebês nascidos na maternidade de Mamoudzou sejam filhos de migrantes em situação irregular ("L'immigration, un facteur important de la démographie à Mayotte", *Le Monde*, 7 de março de 2018).

Embora a maior parte das elites europeias se recuse a proteger esse capital cultural, não é o caso das classes dirigentes do restante do mundo. De Argel a Tel Aviv, de Moscou a Pequim, de Santiago[13] a Tóquio, de Rabat aos países da Europa do Leste, raros são os dirigentes que não levam a sério a questão dos fluxos migratórios. Na realidade, como explica o historiador Pierre Vermeren,[14] "a verdadeira arbitragem não é entre a imigração e sua ausência, mas entre a intervenção dos Estados ou seu recuo". Quer os Estados sejam democráticos ou policiais e os governos de esquerda ou direita, quase nunca ignoram essa realidade.

Em março de 2018, o primeiro-ministro israelense declarou que os migrantes africanos representavam uma ameaça "pior do que os jihadistas" para a identidade de Israel: "Falamos de um Estado judeu e democrático, mas como assegurar que ele permanecerá judeu com 50 mil ou 100 mil migrantes por ano? Um milhão, um milhão e meio e podemos fechar as fronteiras. Para não perder o país, instalamos uma barreira."[15] Foi assim que o governo israelense justificou a construção de uma cerca elétrica[16] separando Israel do Egito a fim de bloquear a imigração clandestina, o tráfico de drogas e de armas e as "infiltrações de terroristas". Essa barreira, cuja construção foi finalizada em 2014, se estende por 242 quilômetros ao longo da fronteira com o Egito, da ponta sul da Faixa de Gaza à cidade de Eilat. Foi nesse contexto que Israel iniciou em 2018[17] um programa destinado a impor aos quase 40 mil migrantes eritreus e sudaneses em situação irregular a escolha entre a expulsão ou o encarceramento. Essas medidas radicais do governo foram implementadas após vários anos de tensão entre migrantes e habitantes dos bairros na parte sul de Tel Aviv,

---

13. "Chili: 2 000 étrangers expulsés d'ici fin 2018", *Le Figaro*, 25 de junho de 2018.
14. "La question migratoire est entre les mains des États du Maghreb", *Le Figaro*, 4 de junho de 2018.
15. "Israël: les propos polémiques de Benyamin Netanyahou sur les migrants africains", RFI, 21 de março de 2018.
16. "Israël construit une clôture électrique pour se protéger des terroristes", *Le Monde*, 6 de janeiro de 2013.
17. "Migrants africains en Israël: le revirement de Netanyahou", *Le Monde*, 2 de abril de 2018.

manifestações em maio de 2012 e um racismo cada vez maior contra os migrantes africanos.[18]

O endurecimento israelense não é exceção, ocorrendo em todos os países confrontados com a dinâmica demográfica africana, que constitui a verdadeira fronteira da Europa. Do Magrebe ao Oriente Próximo, observa-se a mesma pressão. O Marrocos e a Argélia, antes países de passagem da imigração africana na direção da Europa, tornam-se cada vez mais países de destino. Essa mudança na natureza da imigração provoca a mesma insegurança cultural, as mesmas interrogações e as mesmas reações da classe dirigente. Foi nesse contexto de aumento das tensões e da violência racista que Argel, por exemplo, acelerou a expulsão dos migrantes subsaarianos nas fronteiras com Níger e Mali.[19] Um pouco mais a leste, foi o governo saudita que, em alguns dias, expulsou nada menos que 47 mil sudaneses: "De hoje até segunda-feira, 33 mil sudaneses irão embora de Riade e 14 mil de Jidá, dos quais 60% são trabalhadores e artesãos."[20] Essas expulsões violentas e chocantes, características de países nos quais o estado de direito é somente relativo, instalam de modo durável, e em escala mundial, incluindo a África,[21] a questão da regulação dos fluxos migratórios como temática central.

Se na Europa Ocidental a classe dirigente permanece, com exceção da Dinamarca[22] e da Itália, surda à demanda por regulação das populações, esse não é o caso da Europa Oriental (notadamente na Polônia, Hungria, República Tcheca e Eslováquia). A filósofa Chantal Delsol[23] explica que os governos europeus orientais buscam preservar "identidades ameaça-

---

18. "En Israël, manifestation monstre de migrants africains clandestins", *Le Monde*, 6 de janeiro de 2014.
19. Zahra Chenaoui, "L'Algérie accélère les expulsions de migrants subsahariens dans le désert", *Le Monde*, 20 de março de 2018.
20. "Arabie saoudite: contre les étrangers, mesures restrictives et racisme grandissant", *Courrier international*, 9 de março de 2017.
21. Notadamente a África do Sul, onde a hostilidade pelos imigrantes nigerianos, zimbabuanos e somalis só aumenta (*Le Monde*, 27 de fevereiro de 2017).
22. Anne-Françoise Hivert, "Flirt politique inédit au royaume du Danemark", *Le Monde*, 20 de março de 2018.
23. Chantal Delsol, "Pourquoi les peuples d'Europe centrale refusent les leçons de morale", *Le Figaro*, 22 de fevereiro de 2018.

das pela globalização, pelo liberalismo e pela imigração". Nesse sentido, "as elites ocidentais dedicam a esses países o mesmo desprezo, a mesma moral, a mesma negação das culturas que exercem sobre seu próprio povo". Consequentemente, são descritos pelas mesmas "qualidades": "deploráveis, atrasados, racistas". Se a questão identitária hoje opõe as classes dirigentes ocidentais a seu povo, ela as isola também do restante do mundo. Na verdade, somente na Europa Ocidental as elites consideram a obliteração das identidades e o multiculturalismo um horizonte intransponível.

Essa situação particular obriga as classes populares ocidentais a gerirem sozinhas a questão da relação com o Outro. Uma gestão que, longe da leitura binária e infantil do mundo de cima, não anuncia a guerra... nem a paz.

Nem guerra, nem paz

Manipulando o antirracismo e o antifascismo até causar náusea, a classe dominante se serve também da chantagem da guerra civil para impor os limites do debate público: viver em conjunto ou guerra. Recusando essa leitura binária e infantil da classe dominante, as classes populares ocidentais geram com muita calma e sutileza a questão da relação com o Outro.

Em relação à guerra civil, apresenta-se uma primeira questão, de ordem técnica: a identificação dos beligerantes. O conflito oporá os autóctones aos imigrantes? Os muçulmanos aos não muçulmanos? Os imigrantes aos novos migrantes? Os habitantes "dos bairros" aos ciganos roma? Os brancos aos não brancos? Os magrebinos aos subsaarianos? Os árabes aos negros? Os brancos aos negros? Os negros aos asiáticos? Os muçulmanos aos judeus? Os magrebinos aos afegãos? Os tâmeis aos cingaleses? Por enquanto, ninguém é capaz de responder.

A segunda interrogação, mais fundamental, é sobre o estado de espírito das classes populares. Contrariamente ao mundo de cima, e porque vivem no cotidiano a dificuldade de coabitação entre diferentes grupos culturais, as classes populares há muito compreenderam os riscos de uma guerra civil. Elas sabem que seriam as primeiras protagonistas, mas também as primeiras vítimas. Jamais mergulhariam "naturalmente" na guerra.

O exemplo iugoslavo mostra que, embora a guerra civil seja sempre uma eventualidade, ela jamais é automática. Na Iugoslávia, a paz foi preservada durante muito tempo pelo regime comunista de Tito, ao preço de um hábil separatismo territorial e cultural e da censura intelectual. Foi a instabilidade demográfica e, sobretudo, a instrumentalização política dos diferentes grupos culturais e religiosos por potências estrangeiras que provocaram a implosão no início da década de 1990. A Rússia e a Grécia apoiaram a Sérvia ortodoxa, a Alemanha e o Vaticano apoiaram a Croácia católica e os países muçulmanos (Arábia Saudita, Turquia, Emirados Árabes, Tunísia, Paquistão, Irã, Malásia, Bangladesh e Indonésia) apoiaram a Bósnia muçulmana. Nesse conflito, no qual não havia bons nem maus, todas as comunidades foram manipuladas, todos cometeram massacres, todos foram vítimas. No fim, os perdedores foram, como sempre, os mais modestos.

Perfeitamente conscientes desse risco, as classes populares atenuam a deserção de seus dirigentes praticando a evitação. Com efeito, embora a guerra civil permaneça um risco, é forçoso constatar que a intensificação dos fluxos migratórios e os atentados de massa ainda não geraram nenhuma violência generalizada ou ações maciças de represália. Essa constatação não significa que as tensões sejam inexistentes ou que as classes populares tenham renunciado à defesa de seu capital social e cultural, mas que respondem a elas com uma gestão sutil, notadamente reduzindo os territórios de contato. Essa estratégia, que explica a etnicização de certos territórios e o aumento do comunitarismo, conduz a um modelo hoje comum em todos os países ocidentais: o viver em conjunto separadamente.

Como a benevolência da maioria jamais é garantida, todas as classes populares procuram permanecer ou se tornar maiorias praticando a evitação. Essas estratégias residenciais não impedem, evidentemente, as pontes, os contatos e a fraternidade, mas permitem diminuir as tensões. O apelo incessante e quase religioso ao "viver em conjunto" que ressoa todos os dias nas mídias dominantes não tem nenhuma influência sobre a realidade das categorias que, vivendo o multiculturalismo a mil euros por mês, procuram a qualquer custo evitar a guerra.

"A entrada na globalização mudou todos os indicadores da vida das sociedades. Ela criou em toda parte uma crise identitária ao relativizar a maneira pela qual as identidades coletivas eram definidas. Todas as sociedades se definiam a partir de dentro, com referência a um passado que lhes servia como genealogia. A narrativa nacional era como uma árvore genealógica. Com a globalização, o eixo de todas as sociedades passou da história para a geografia. Hoje nos definimos pelo lugar que ocupamos no mundo, esquecendo, em um primeiro momento, que esse lugar existe em função do passado. Mas, em um segundo momento, esse esquecimento deu lugar a uma exigência de redefinição em função dessa nova situação."[24] Portanto, é a partir dos territórios que as classes populares se redefinem, buscando preservar seu capital cultural.

Na maior parte dos territórios, o separatismo social e cultural é a norma, provocando mobilidades residenciais inéditas cujas motivações já não são exclusivamente econômicas, mas também culturais. Esse desejo de evitar a guerra dos olhos ou, ainda pior, o confronto atinge todos os meios populares. Da *white flight* à *Jewish flight*, passando pela *Arab flight* ou pela *Chinese flight*,[25] todas as comunidades buscam responder à insegurança cultural e às tensões não pela guerra, mas pela evitação residencial ou escolar. A *white flight* é a árvore que esconde a floresta das práticas de evitação. Em Seine-Saint-Denis, principal departamento de acolhimento dos fluxos migratórios, a população judaica encolheu como

---

24. Marcel Gauchet, "L'idée que le passé peut être remodelé à volonté est une idée totalitaire", *Le Figaro*, 20 de outubro de 2017.
25. *White flight*: partida dos brancos dos bairros e/ou colégios públicos onde se concentram as minorias. *Jewish flight*: partida dos judeus de bairros e/ou colégios públicos nos quais se concentram muçulmanos. *Arab flight*: partida dos magrebinos dos bairros e/ou colégios públicos nos quais se concentra a imigração subsaariana. *Chinese flight*: evitação e partida dos asiáticos dos bairros nos quais se concentram as outras minorias.

a pele de onagro.[26] Os asiáticos, frequentemente alvo da abundante delinquência nesses bairros, também procuram evitar ou ir embora dos bairros sensíveis. De modo mais geral, a concentração das populações asiáticas nas Chinatowns europeias ou americanas permite que essa minoria responda antecipadamente e através da concentração à questão da dependência da maioria. É também o aumento da instabilidade demográfica e da insegurança cultural que leva os imigrantes magrebinos a evitarem os bairros nos quais se concentra a imigração africana. Essa *Arab flight*, realizada especialmente pela pequena burguesia magrebina, é particularmente ativa na região parisiense, nos bairros e colégios públicos nos quais se concentram as populações de imigrantes subsaarianos. Em um contexto de instabilidade demográfica, ninguém deseja assumir o risco de se tornar minoria, ou seja, de depender de uma maioria cuja benevolência jamais é garantida. Mudar-se do território no qual se nasceu e ao qual se está habituado jamais é um ato irracional, mas, ao contrário, um desligamento motivado pelo diagnóstico da própria situação a longo prazo. Essas estratégias esboçam uma sociedade popular complexa e ambivalente (racismo pela manhã, fraternidade à tarde)[27] e contradizem a análise binária das classes dominantes (guerra ou paz).

Ao viver em conjunto, a essa indistinção das culturas populares proposta por um mundo de cima que pratica há décadas a secessão territorial e o gregarismo, as classes populares opõem um irredentismo cultural que não se parece com um belicismo, mas com uma gestão cultural do cotidiano. Essas estratégias populares, que enterram o sonho de uma sociedade multicultural apaziguada, reforçam o processo de distinção cultural em todos os meios populares, quaisquer que sejam suas origens. Essa gestão pragmática das tensões identitárias é um dos indicativos do movimento real da sociedade, um movimento que contradiz todos os planos da classe dominante ao recolocar as questões sociais e culturais no âmago do debate.

---

26. Jérôme Fourquet e Sylvain Manternach, *L'An prochain à Jérusalem*, Éditions de l'Aube, 2016 e Georges Bensoussan, *Les Juifs du monde arabe*, Odile Jacob, 2017.
27. Christophe Guilluy, *Le Crépuscule de la France d'en haut, op. cit.*

O movimento real da sociedade no quadro nacional

Para o mundo de cima, a emergência das novas classes populares, majoritárias e periféricas é, sem dúvida, a pior notícia da globalização. O massacre da antiga classe média não produziu um mundo sem classes. Ao contrário: ativou um novo conflito de interesses fundado na nova estruturação social que não opõe somente os ricos aos pobres, mas, de modo mais amplo, as novas classes populares às novas classes superiores.

Embora esse conflito não tenha assumido as formas tradicionais de contestação social (movimentos sociais de massa, revolução) e política (emergência de partidos contestatórios de massa, como era o Partido Comunista), ainda assim é radical. E resulta no colapso do sistema político tradicional e, sobretudo, no fim da hegemonia cultural do mundo de cima.

Essa mudança confirma uma coisa: embora as classes dominantes tenham imposto um modelo econômico e um sistema de representação dos quais os mais modestos desapareceram, elas não conseguiram influenciar o movimento real da sociedade, o movimento do maior número, das categorias que, *in fine*, assumem o comando do real. Nossos demiurgos se esqueceram de uma coisa: podemos imaginar o melhor dos mundos e fantasiar sobre o novo homem, mas, no fim, é preciso que um operário construa as estradas, que uma professora ensine na escola e que um camponês cultive a terra.

Saídas da classe média, as novas classes populares não desapareceram e continuarão a defender um capital social e cultural protetor. Continuarão, portanto, a manter vivos os valores do auxílio mútuo e da solidariedade, não por ideologia, não por adesão política a este ou aquele partido, mas para defender um bem comum que é a condição de sua existência. Marchel Gauchet lembra que esse "populismo do povo", que se exerce no quadro nacional, visa a "controlar seu destino". É "a aspiração a uma coletividade integrada em uma sociedade que já não o é".[28]

---

28. "Que demande le peuple? Enquête sur la vision du monde des classes populaires", Étienne Campion, Sciences Po Lille, 2017-2018.

É esse movimento real da sociedade que as classes superiores serão levadas a reintegrar, não por altruísmo, mas sob a pressão de um modelo em fim de linha e da continuação do processo de regressão social. Seus próximos alvos: as categorias protegidas, os aposentados e os servidores públicos.

Esse ataque aos protegidos é suicida. Quando o processo for finalizado, o rei estará nu, assim como o mundo de cima. Estruturalmente minoritárias, as classes dominantes e superiores não terão outra escolha senão reintegrar o movimento da sociedade ou desaparecer.

Conclusão

Vamos ajudá-los a se reintegrar à comunidade nacional!

Eles vivem cada vez mais isolados entre si. Recusam-se a se integrar. Têm um discurso de ostracização e, às vezes, de ódio pelas categorias que não partilham seu modelo e seus valores. Negam a existência de uma cultura e de uma história comuns ao Ocidente. Recusam todos os modelos de integração e já não falam a língua comum. Em algumas décadas, essas pessoas, esses associais, esses ricos, essas classes dominantes e superiores mergulharam os países ocidentais no caos da sociedade relativa, por terem abandonado o bem comum. Está na hora de reintegrá-los à comunidade nacional, ao movimento real da sociedade, o movimento das classes populares. Confrontado com a perda de sua hegemonia política e cultural, mas também com a exaustão de seu modelo econômico e social, o mundo de cima deve retomar o caminho da História. Vamos ajudá-lo!

As vãs tentativas de reassumir o controle e de endurecer, a tentação securitária, a criação de um Ministério da Verdade[1] (em julho de 2018, a França adotou a controversa lei relativa às *fake news*) ou a bunkerização

---

1. O Ministério da Verdade ("Minitrue" ou "Ministry of Truth"), conceitualizado no romance de George Orwell *1984*, é na realidade um Ministério da Propaganda.

do debate intelectual não mudarão a situação. O mundo de cima, que já perdeu sua hegemonia cultural, fragiliza-se agora politicamente. Ele já não tem escolha. Ou se reintegra à comunidade nacional ao levar em conta as aspirações do povo ou desaparece.

Esse retorno às fundações,[2] a essa *common decency*[3] dos mais modestos, que causou tantas risadas entre os "sociólogos do Estado",[4] não é uma hipótese, mas uma necessidade para evitar as tensões e violências, essa famosa guerra civil que eles fingem temer enquanto favorecem seu surgimento. Esse retorno ao povo, à democracia, é não somente a única via de saída de um modelo que não constrói sociedades como também a condição para a elaboração de um modelo ecológico, social e político durável. Nenhum projeto e nenhuma solução poderão ser elaborados sem essa preliminar. A questão não é somente moral e democrática: ela é a condição para a sobrevivência das sociedades ocidentais.

Mas, atenção, esse retorno às fundações populares, que esboçará os contornos de uma sadia "aliança de classes", não deve ser confundido com a mendicância. As classes populares não têm como objetivo de vida mendigar, pedir auxílio social ou renda universal (hoje endossada pelos bilionários do Vale do Silício, com Mark Zuckerberg e Elon Musk à frente),[5] mas viver decentemente com os frutos do trabalho corretamente remunerado. A socióloga Elvire Bornand fala de "como é difícil algum dia passar pela porta do serviço de auxílio e ficar na fila, carregando nas mãos uma pasta cheia de justificativas provando que agora se é pobre".[6] É o que confirma, na França, o grande número de pessoas que não recorrem aos auxílios sociais, embora tenham direito (cerca de 34% das

---

2. "As fundações do edifício social" é uma expressão de Jack London citada por Gérald Andrieu em *Le Peuple de la frontière*, Le Cerf, 2017.
3. Ver nota 17, p. 123.
4. Jean-Claude Michéa, "Peuple, *people*, populisme", *op. cit.*
5. "Mark Zuckerberg se prononce en faveur du revenu universel", *La Tribune*, 26 de maio de 2018.
6. "'Cancer de l'assistanat': une personne sur trois ne touche pas les aides sociales auxquelles elle a droit", *Marianne*, 14 de novembro de 2017.

CONCLUSÃO

pessoas elegíveis).[7] Essa relação com o auxílio social, que não contradiz a profunda ligação dos meios populares com o Estado de bem-estar social protetor, esboça as linhas de um modelo durável que não se confunde com a caridade, mas combina integração econômica e proteção social. Passa também pela consideração das realidades de uma sociedade popular cada vez mais sedentária e dispersa pelos territórios periféricos, mas cada vez mais ligada a seu capital cultural e social.

A questão já não é gerir a regressão social, mas reconstruir a sociedade, não por altruísmo, e sim por necessidade. Esse modelo globalizado, complexo, interdependente e desigual deve coabitar com uma sociedade popular mais igualitária, na qual a gestão dos recursos e do bem comum é não uma opção, e sim uma obrigação. Mas essa coabitação só será possível se as classes dirigentes ocidentais tiveram consciência dos limites do modelo. A crise do modelo metropolitano, que é a quintessência da economia globalizada, é um bom indicador de seu esgotamento.

Desemprego,[8] saturação do espaço, poluição, tensões identitárias: as metrópoles também sofrem do que os geógrafos chamam de "deseconomias de escala":[9] custo mais elevado do solo, perda de tempo nos transportes, saturação do espaço público, insegurança etc. A combinação desses fatores desfavoráveis já produz efeitos: inúmeras famílias saem das grandes cidades em busca de comodidade.[10] Certas metrópoles, como Paris, registram saldos migratórios cada vez mais negativos: hoje, sete em

---

7. Em 2016, o Observatório de não Recurso aos Direitos e Serviços (Observatoire des non-recours aux droits et services, Odenore) já indicava uma taxa de não recurso aos mínimos sociais da ordem de 36% para a renda de solidariedade ativa (RSA), 34% para a cobertura universal de saúde (CMU) e 70% para o auxílio para contratação de um seguro-saúde complementar (ACS) ("Avaliação do não recurso aos mínimos sociais e aos cuidados das pessoas em situação de precariedade social", 26 de setembro de 2016, relatório da Assembleia Nacional).

8. O geógrafo Laurent Chalard observa que o desemprego ainda é grande nas metrópoles e que a criação de empregos não corresponde à evolução do número de solicitantes de emprego (ver "Les métropoles, pas la panacée contre le chômage", *Les Échos*, 24 de maio de 2018).

9. *Population et avenir*, n. 722, março-abril de 2015.

10. Essa constatação é reforçada pelo fato de que as grandes cidades registram uma baixa média de fecundidade. Essa debilidade demográfica intrínseca terá efeitos a longo prazo, sobretudo se a dinâmica demográfica nacional também for débil.

cada dez habitantes saem da região metropolitana parisiense![11] Paralelamente, inúmeros territórios rurais veem sua população aumentar. Desse modo, e contrariamente às predições dos especialistas, as aglomerações mais populosas não são automaticamente superiores, nem em termos de atratividade, nem em termos de inovação.[12] A antiquada ideologia da metropolização, do *big is beautiful*, está ultrapassada. A da hipermobilidade também. Lúcidos sobre o impasse do modelo econômico e territorial, numerosos representantes da França periférica tentam desenvolver a governança local.[13] Em vez de reduzir seu poder, os governos deveriam aumentar suas margens de manobra. Conscientes de representarem uma força cada vez mais incontornável, esses representantes buscam obter peso político. Os representantes dos territórios industriais em declínio pensam agora em se organizar em um lobby, seguindo o modelo das metrópoles.[14] Em um contexto de acentuação das fraturas entre ganhadores e perdedores, essas iniciativas visam a reequilibrar as relações de força e poder entre os territórios — um reequilíbrio ainda mais necessário porque condiciona também a resposta à crise ambiental.

Em todo o mundo, a rarefação dos recursos e a pressão demográfica colocam em questão os limites ecológicos do modelo. Em 2017, a Global Footprint Network[15] estimou que precisamos de 1,7 planeta para atender às nossas necessidades.[16] Esse instituto publica todos os anos o "Earth overshoot day", o "dia da ultrapassagem dos limites", aquele no qual já consumimos todos os recursos naturais que o planeta pode produzir em um ano e que ocorre mais cedo a cada ano. Chegou a hora do de-

---

11. "Les Franciliens veulent changer de vie", *Le Parisien*, 15 de abril de 2018, segundo o Observatoire société et consommation [Observatório da Sociedade e do Consumo].
12. "La performance économique de l'Île-de-France jugée insuffisante", *Les Échos*, 21 de novembro de 2016.
13. Gérard-François Dumont, por exemplo, destaca os sucessos econômicos de várias cidadezinhas que nada devem à metropolização, mas sim à pertinência de projetos de desenvolvimento iniciados por seus representantes eleitos e pelas empresas locais. *Population et avenir*, n. 728, junho de 2016.
14. Laurent Chalard, "Pour la constitution d'un 'lobby' des villes de tradition industrielle en déclin", *Les Échos*, 31 de maio de 2018.
15. Instituto californiano internacional de pesquisa.
16. *Le Monde*, 1º de agosto de 2017.

senvolvimento durável, da realocação das atividades e da diminuição da mobilidade, não por ideologia nem por saudosismo, mas simplesmente por imposição das limitações econômicas, ecológicas e sociais.

Ontem um horizonte intransponível, a urbanização também precisa ser questionada. O geógrafo Gérard-François Dumont,[17] que alertou muito cedo sobre o impasse da metropolização, observa agora um processo de desaceleração urbana que poderia anunciar uma mudança de paradigma. Na América Latina, as taxas de crescimento das grandes cidades diminuíram consideravelmente em razão do duplo efeito da desaceleração econômica e da diminuição da emigração rural. A cidade do México, onde o crescimento linear antecipado na década de 1990 incluía previsões de 31 milhões de habitantes em 2000, deveria se tornar a cidade mais populosa do mundo. Foi preciso rever esses números. Em 2016, essa aglomeração tinha "apenas" 21,2 milhões de habitantes, ou seja, 10 milhões a menos que o número anunciado! O geógrafo também lembra que, na História, o decréscimo urbano não é um processo novo, tendo sido observado vezes sem conta em períodos de atratividade, em numerosas cidades pequenas ou médias, mas também em grandes aglomerações como Londres (entre 1950 e 1972) ou Nova York (entre 1970 e 1980).

A crise do modelo territorial revela o declínio de um modelo que fracassou no essencial: constituir sociedades. Ao ritmo de uma regressão social que se acentua, a conscientização se generaliza. Após a classe operária, as classes populares e as antigas classes médias são agora as categorias protegidas (aposentados e servidores públicos), juntamente com um número crescente de jovens diplomados,[18] que fragilizam a edificação. Esse movimento não irá parar, pois entramos em um processo que conduzirá a uma mudança de paradigmas econômicos, sociais e culturais e a uma inversão das relações de força.

---

17. *Population et avenir*, n. 725, novembro-dezembro de 2017.
18. Um número crescente de jovens com diploma de ensino superior enfrenta dificuldades para se integrar ao mercado de trabalho. Muitos deles apoiam cada vez mais os candidatos ou partidos populistas de direita e, sobretudo, de esquerda, como Bernie Sanders nos Estados Unidos, Podemos na Espanha e Jean-Luc Mélenchon na França.

Sem marcos culturais ou políticos e sem ligações territoriais, o mundo de cima está em um impasse, perdido. Ele tem dúvidas.[19] É preciso ajudá-lo. Ajudar as elites americanas a compreender que nem todos os operários são deploráveis; ajudar as elites francesas a perceber que as classes populares são mais do que desprezíveis "sem dentes"; ajudar os ricos, o mundo das mídias e as universidades a reencontrar o caminho da paz com os mais modestos. No século XXI, as classes dominantes e superiores devem enfim aprender a viver em conjunto, com seu povo. Trata-se da sobrevivência das sociedades ocidentais; trata-se de sua própria existência.

---

19. Em *The World as It Is: A Memoir of the Obama White House* (Random House, 2018), Benjamin J. Rhodes, um dos mais próximos conselheiros de Barack Obama, descreve as dúvidas do ex-presidente após a eleição de Donald Trump: "E se, durante seus oito anos no poder, seu partido e ele mesmo tivessem ido longe demais na promoção do cosmopolitismo e da globalização?" (*Marianne*, 31 de maio de 2018).

Sobre os mapas do encarte

Os territórios de representação correspondem à nomenclatura nível NUTS 2 (Nomenclatura das Unidades Territoriais Estatísticas: trata-se de um recorte territorial destinado a facilitar as comparações entre países, ou entre regiões, de um mesmo conjunto) da União Europeia (infrarregional) e aos estados americanos. As escalas de representação são, portanto, diferentes, notadamente entre os países europeus e os Estados Unidos, uma vez que o tamanho dos estados americanos é muito maior do que o dos recortes europeus (NUTS 2). No seio dos países europeus, as escalas de representação são igualmente variáveis, pois se baseiam em recortes institucionais próprios a cada país.

Para os mapas sobre as categorias socioprofissionais, os dados são de 2015 para os Estados Unidos, de 2013 para a França e de 2011 para a Alemanha e o Reino Unido.

Para os mapas sobre emprego, os dados são de 2016 e as evoluções se referem ao período entre 2008 e 2016. Para os três países europeus, os dados são de 2015 e as evoluções se referem ao período entre 2007 e 2015.

A nomenclatura das categorias socioprofissionais não é internacionalmente harmônica. Os agrupamentos para criar os mapas se baseiam, portanto, em categorias diferentes segundo cada país.

Na França, as categorias de operários e funcionários de escritórios estão incluídas na nomenclatura do recenseamento.

Na Alemanha e no Reino Unido, os dados são produzidos pelo Eurostat. Para obter a categoria "operários e funcionários de escritórios", foram agrupados: *OC4 — Funcionários do tipo administrativo / OC5 — Pessoal de serviços diretos a particulares, comerciantes e vendedores / OC7 — Profissões qualificadas da indústria e do artesanato / OC8 — Condutores de instalações e de máquinas e operários de montagem / OC9 — Profissões elementares.*

No caso dos Estados Unidos, as nomenclaturas se baseiam nos níveis de qualificação. Foram agrupadas as categorias das profissões de baixa qualificação no setor terciário e na indústria. No recenseamento americano, as categorias são: *Sales workers / Administrative support workers / Craft workers / Operatives / Laborers and helpers / Service workers* (Vendedores / Funcionários de suporte administrativo / Artesãos / Operários / Funcionários e serventes da construção civil / Funcionários do setor de serviços).

Este livro foi composto na tipografia Adobe
Garamond Pro, em corpo 12/16, e impresso
em papel off-white no Sistema Cameron
da Divisão Gráfica da Distribuidora Record.